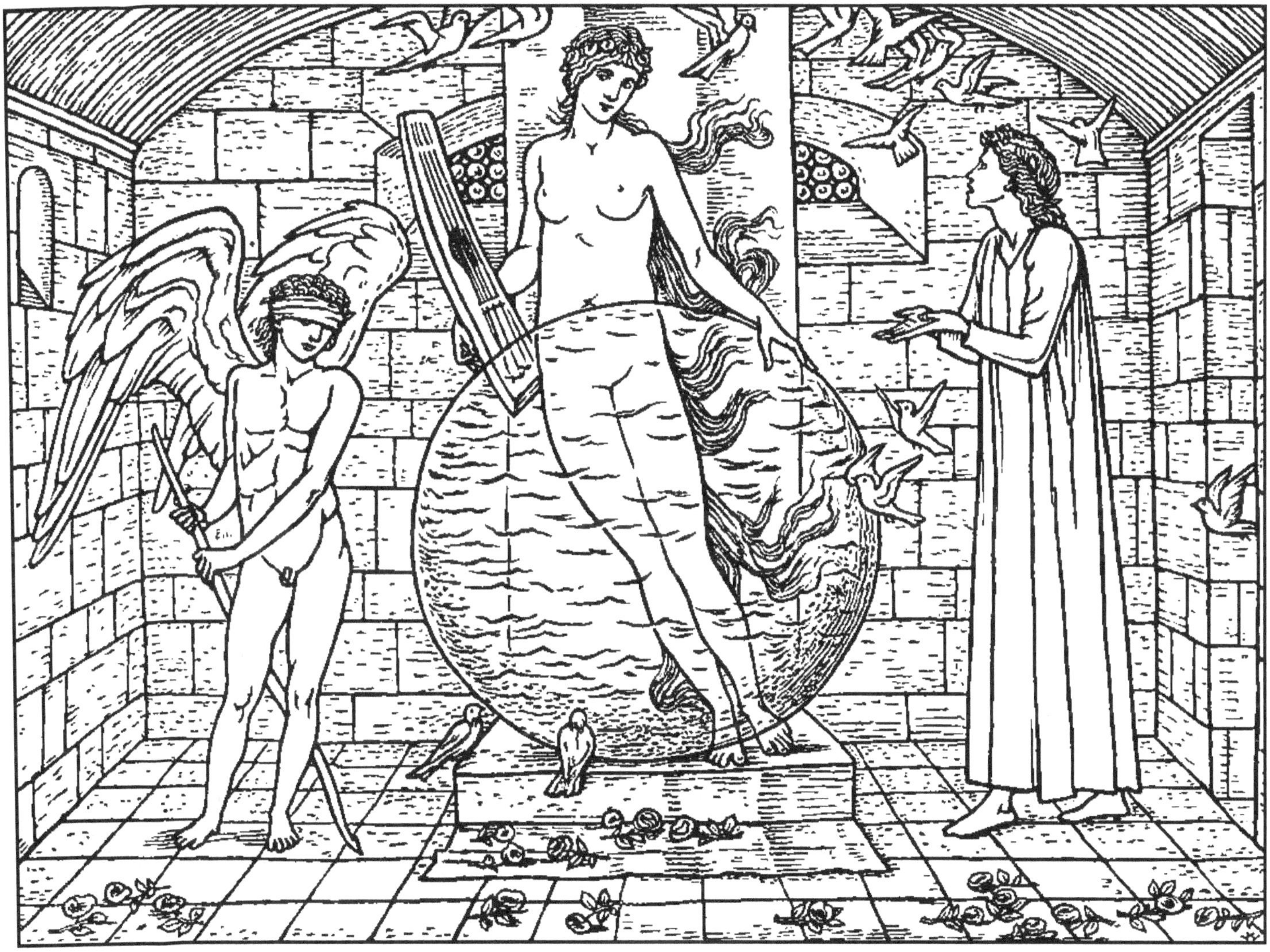

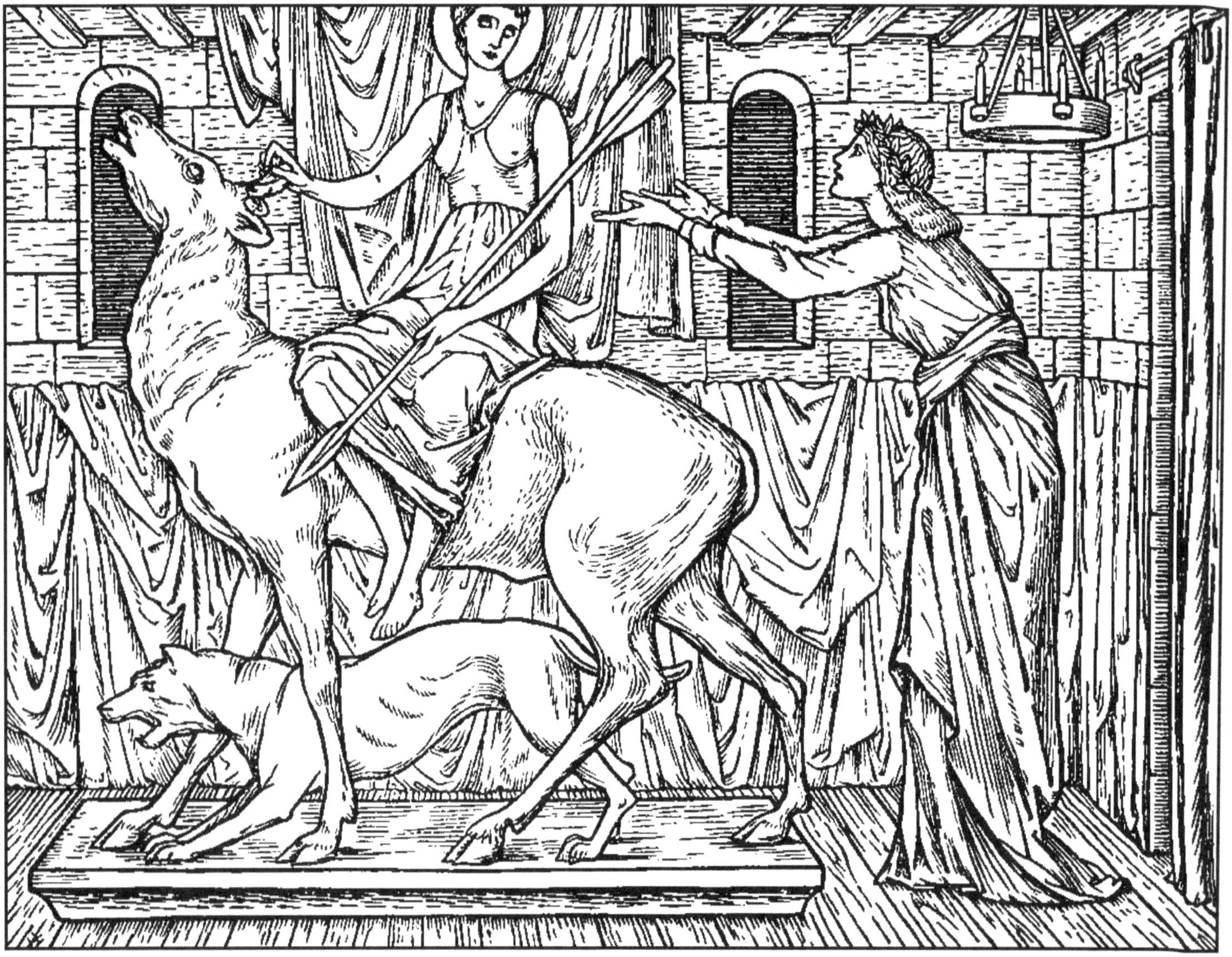

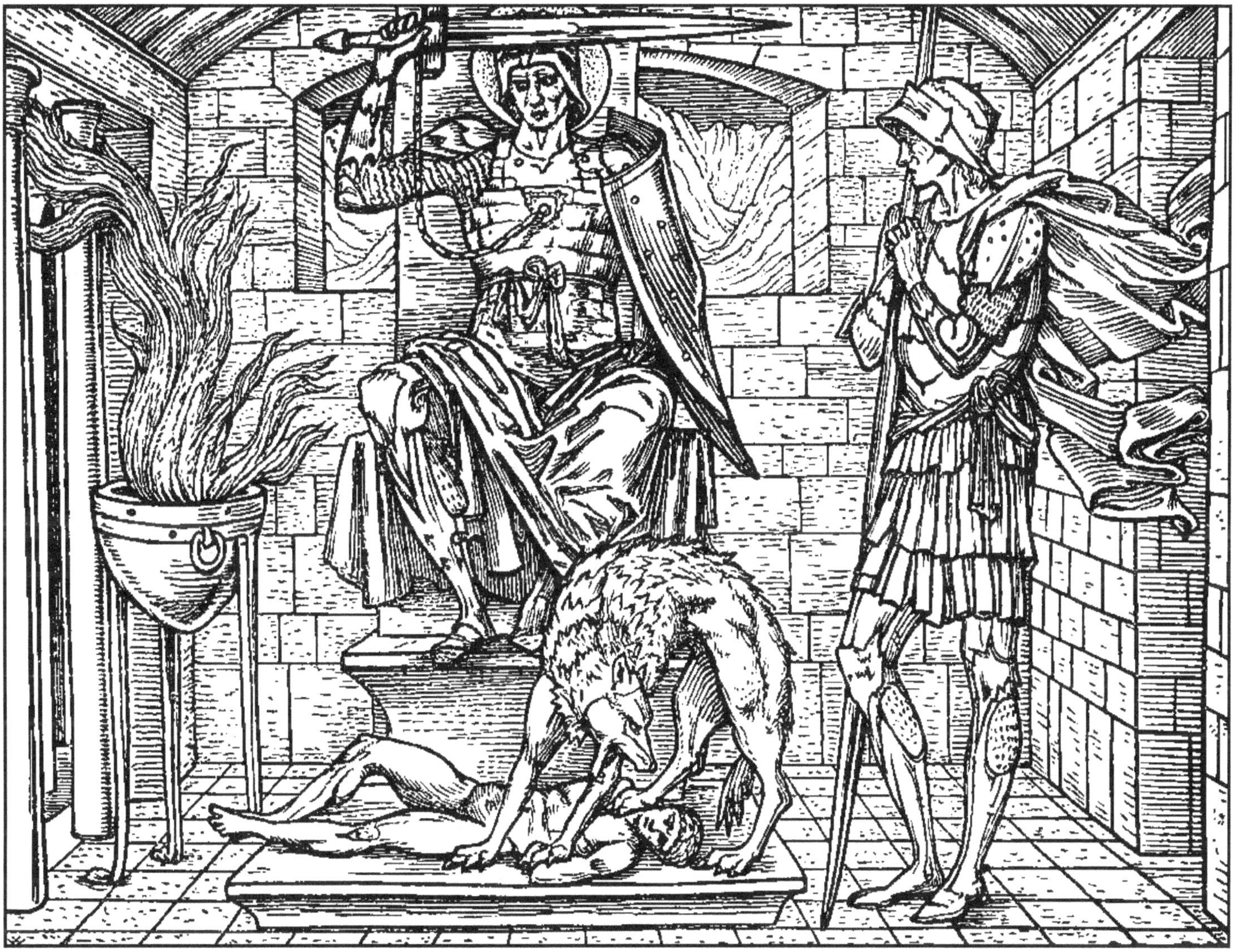

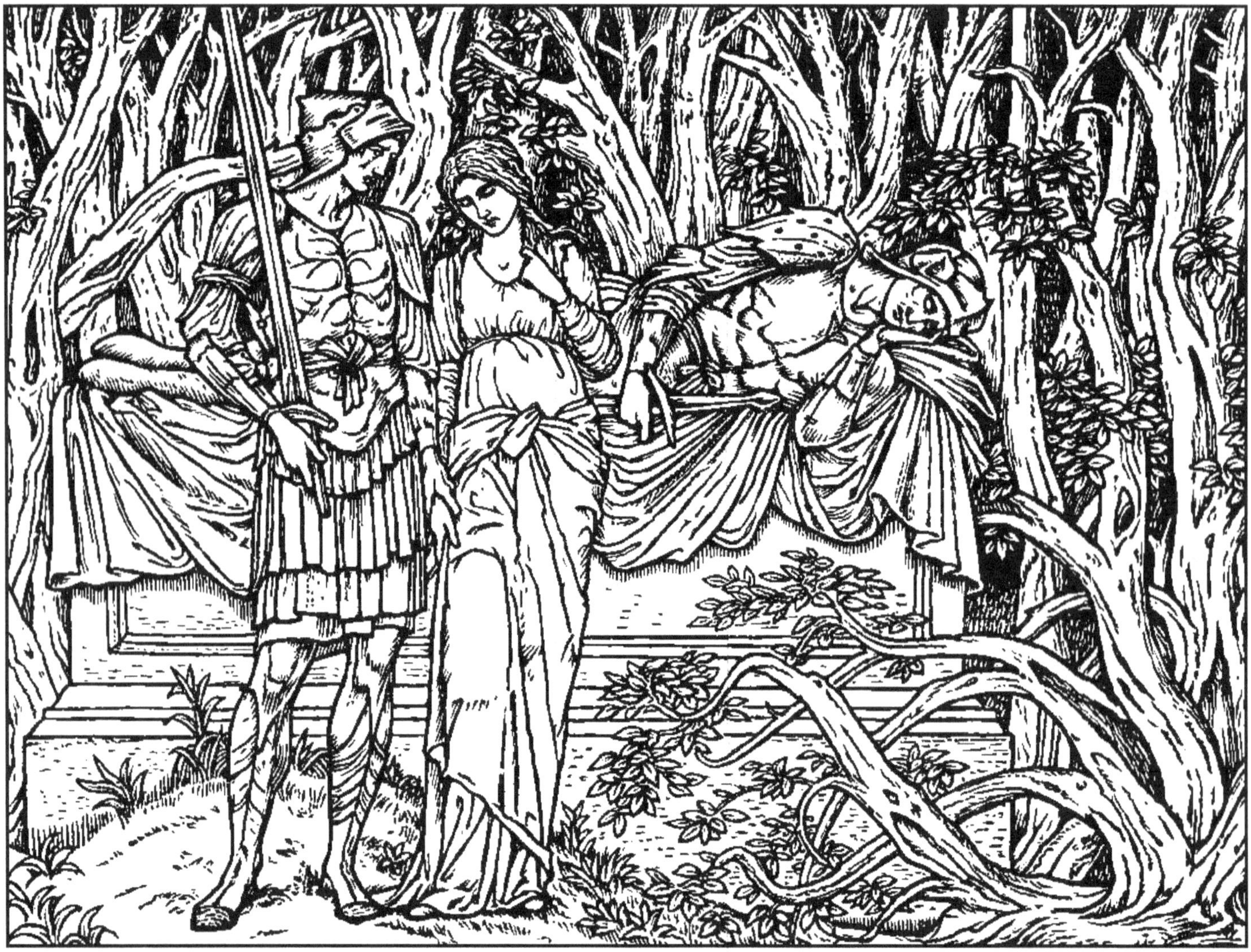

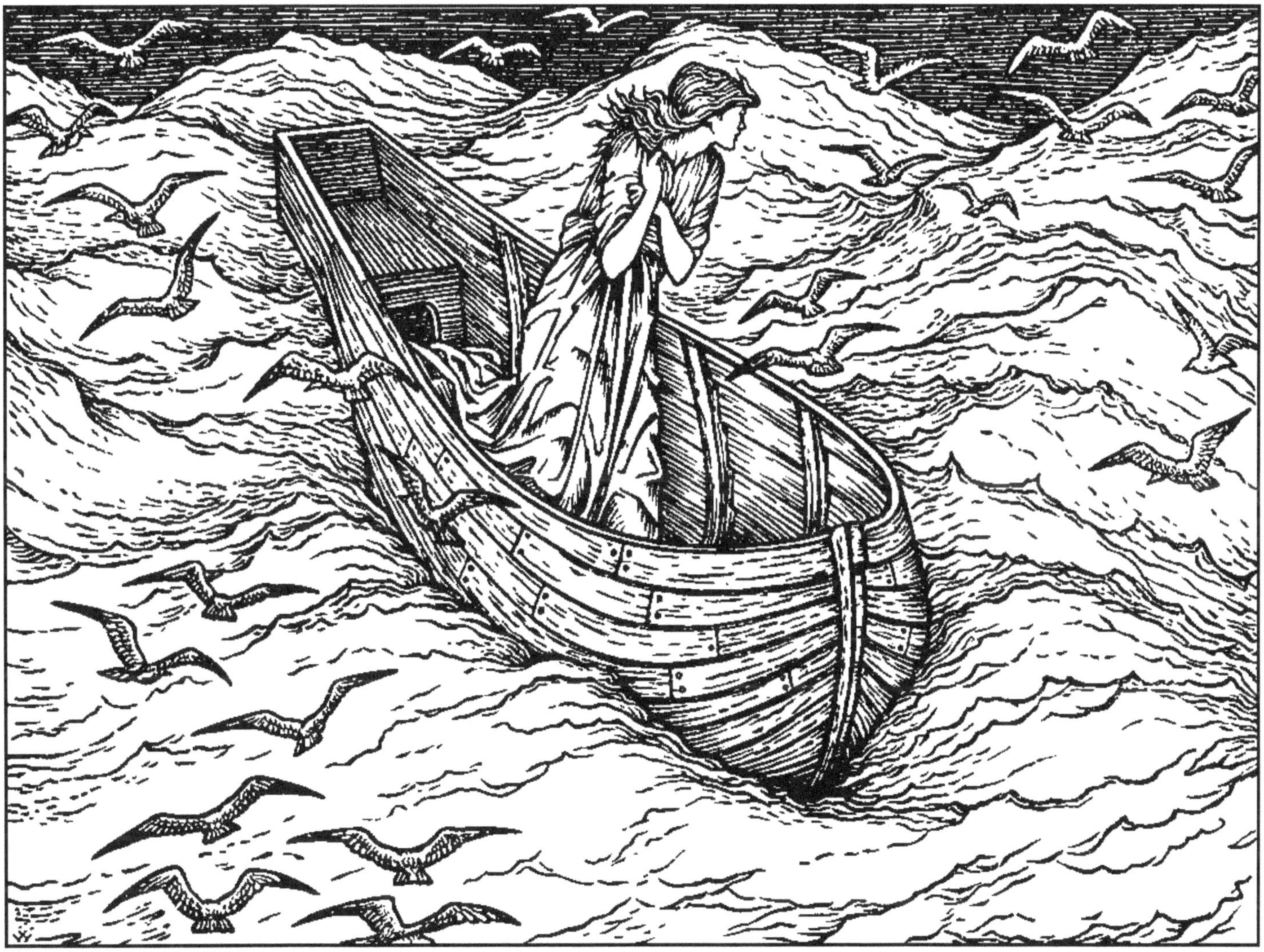

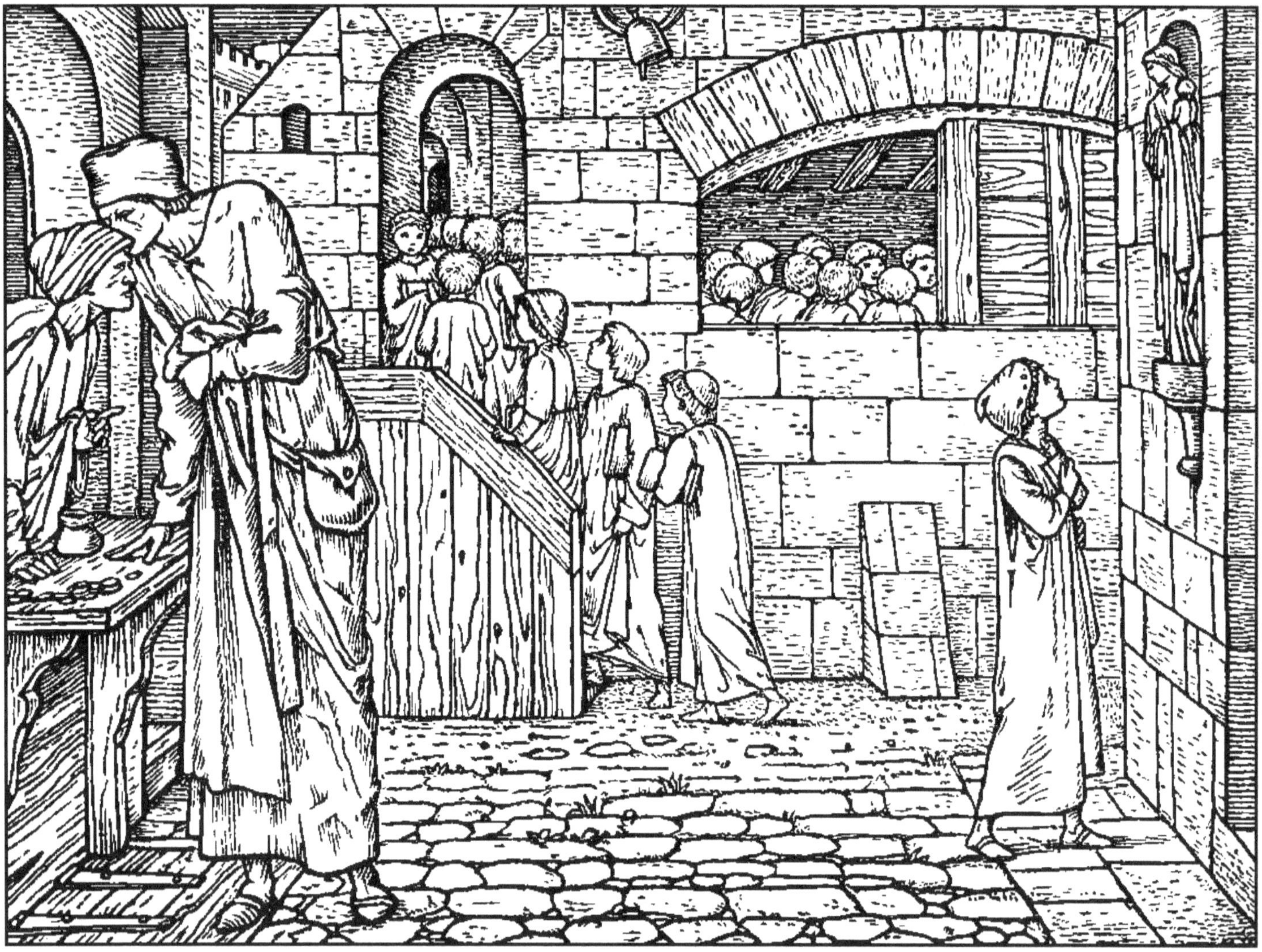

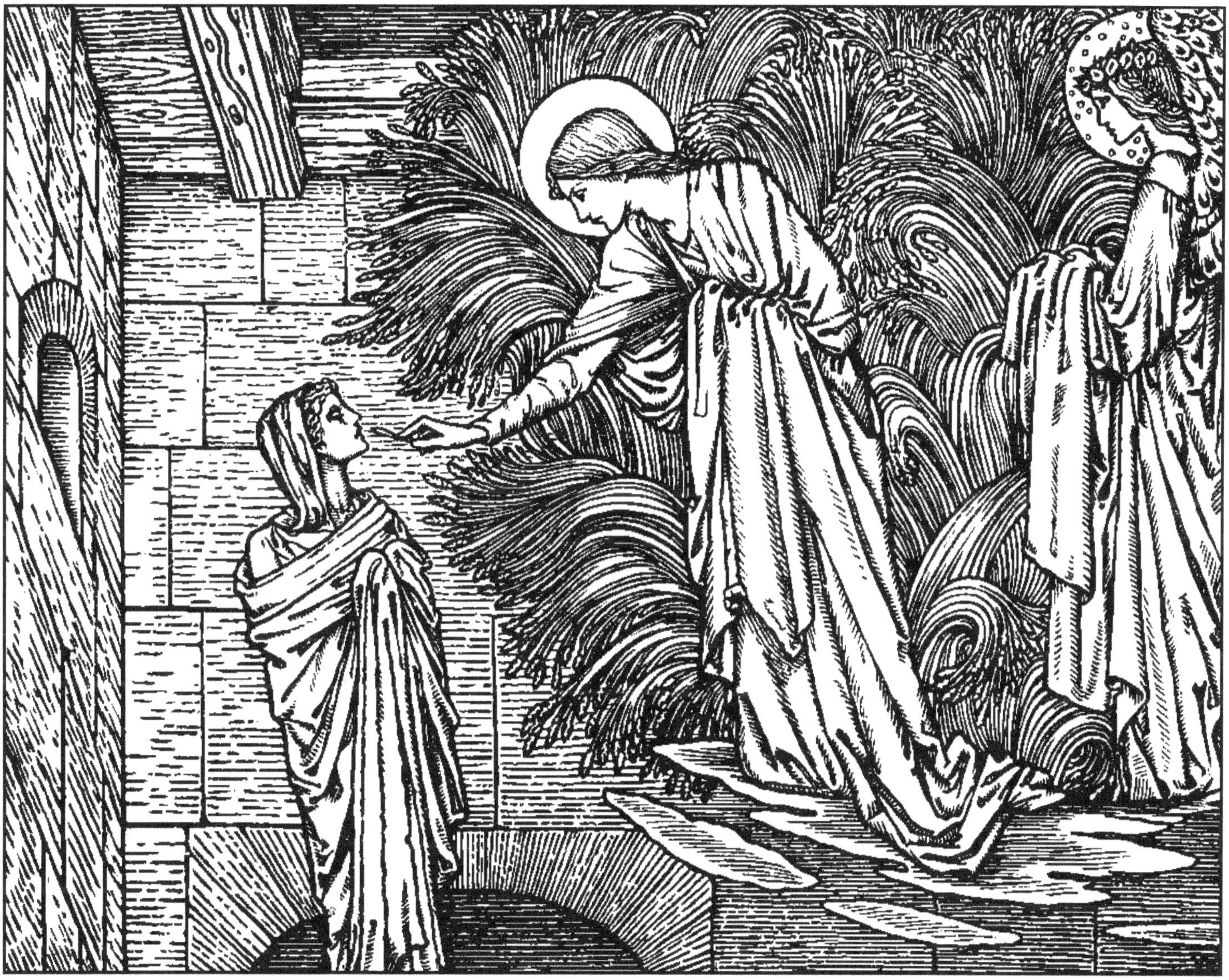

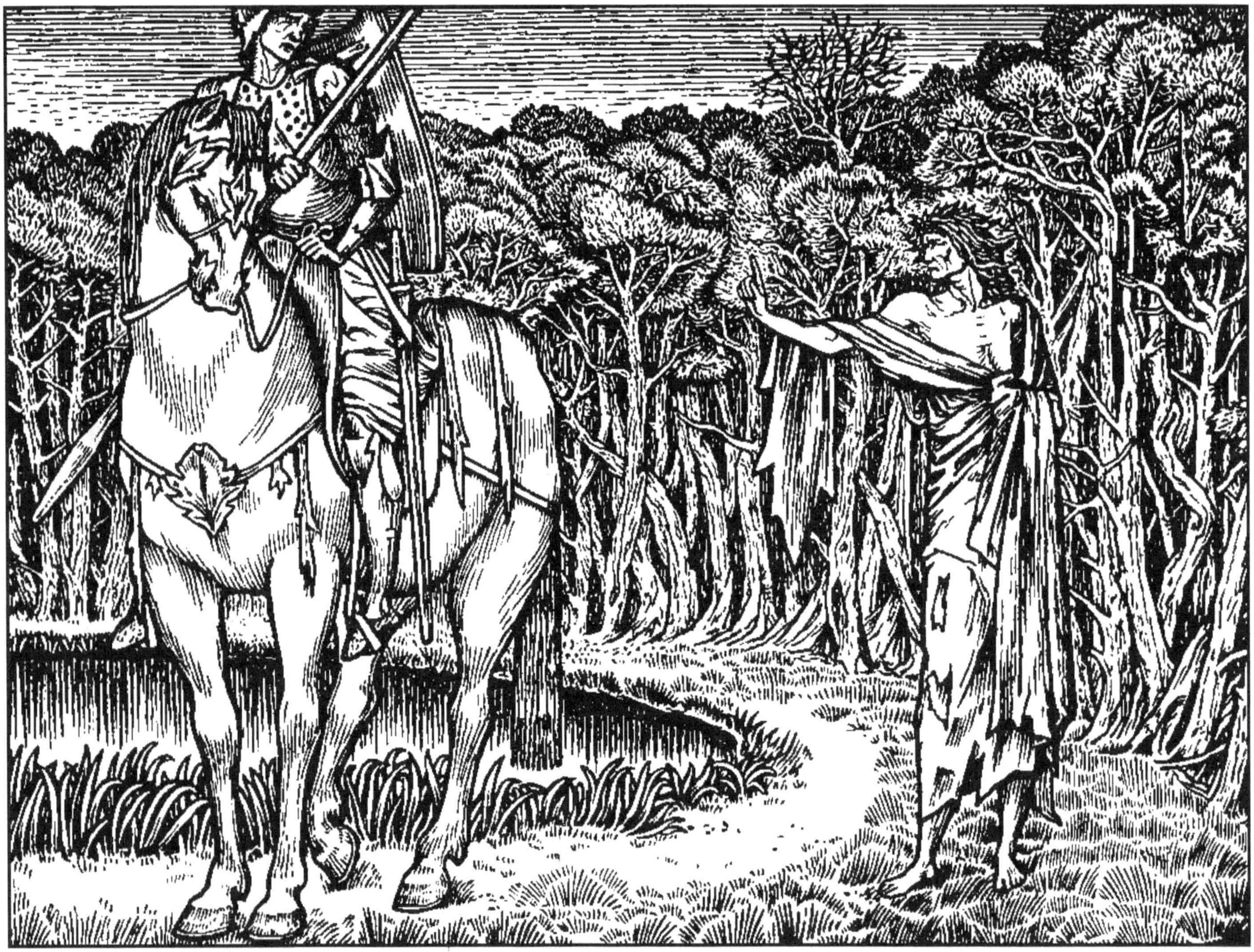

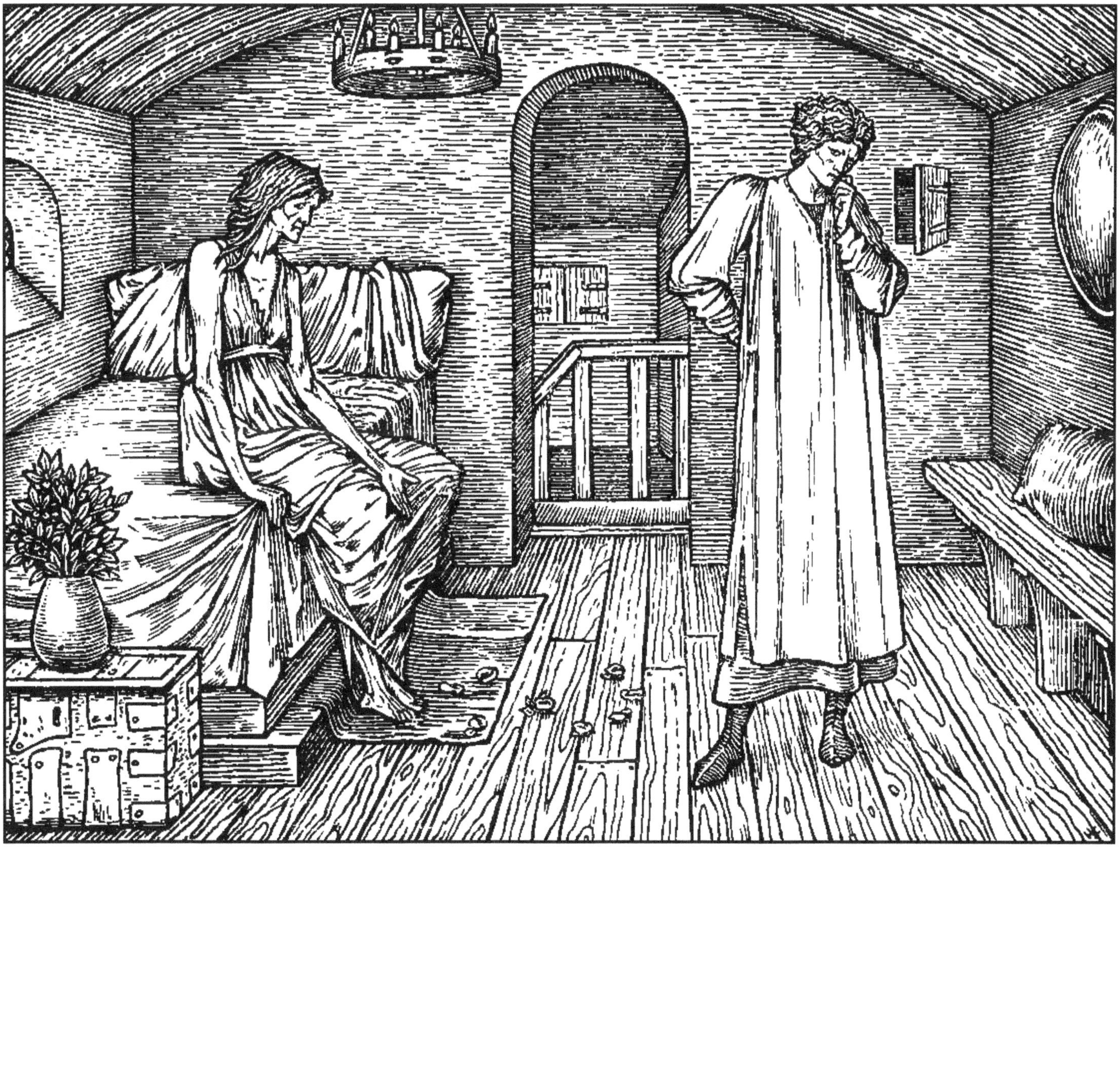

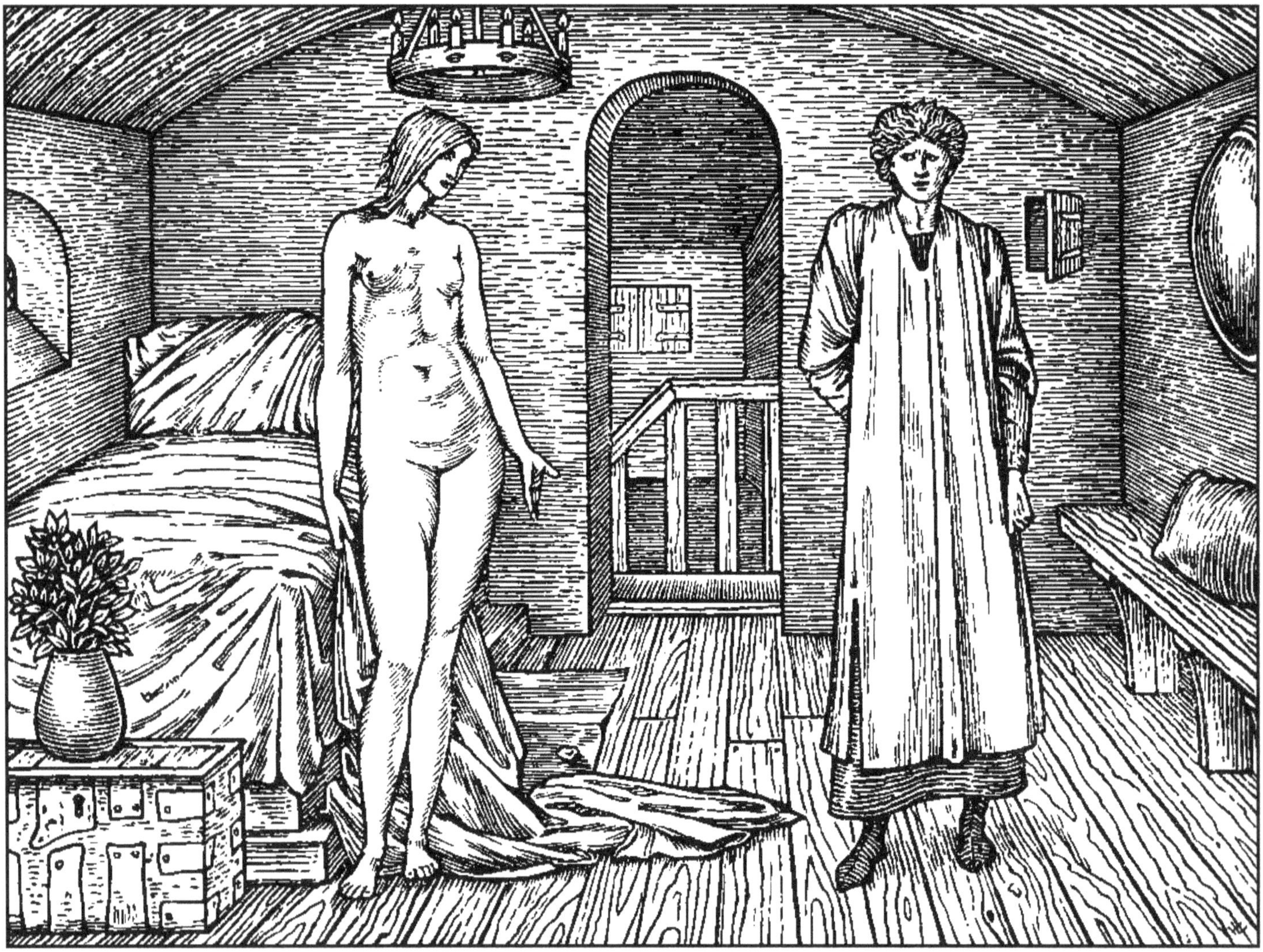

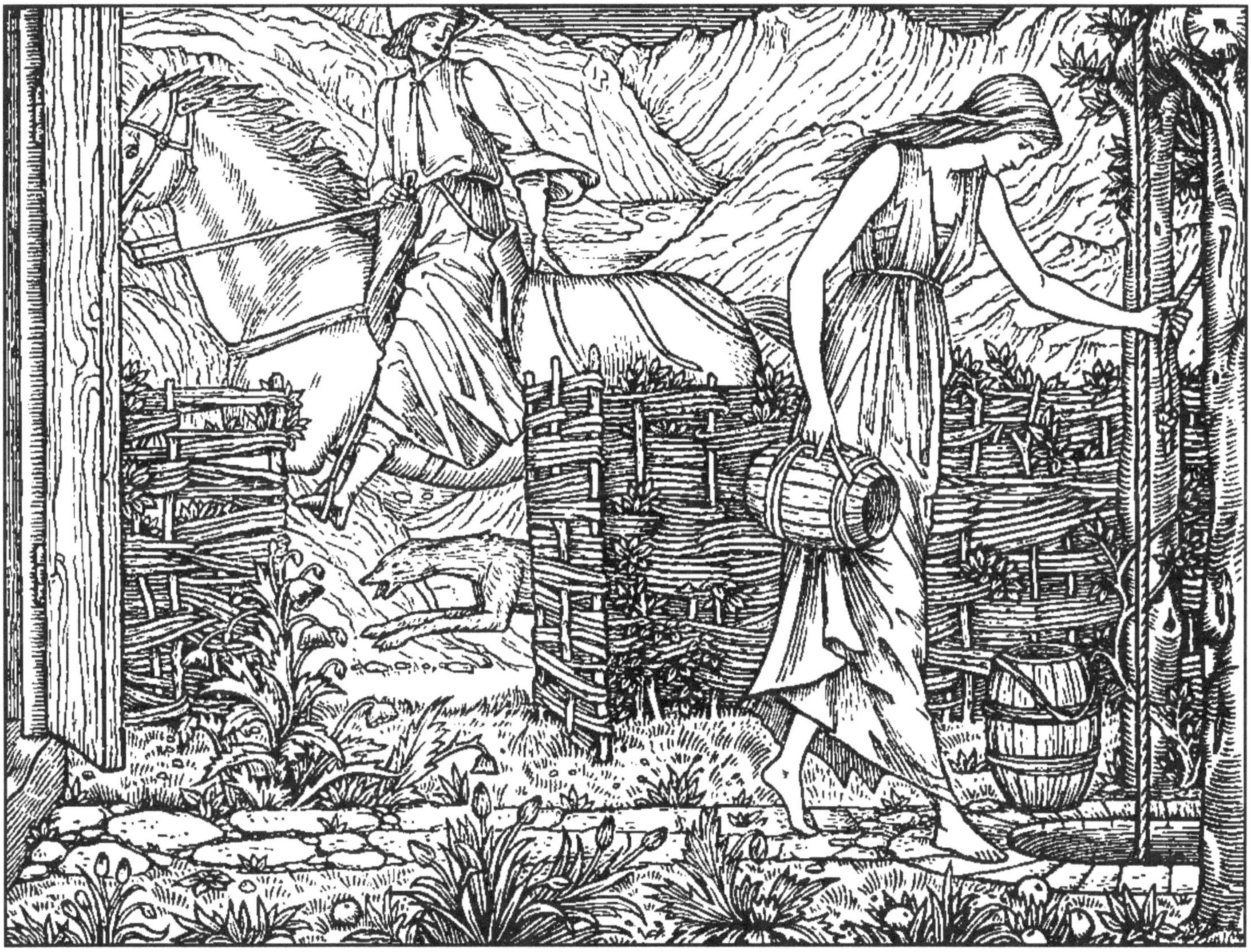

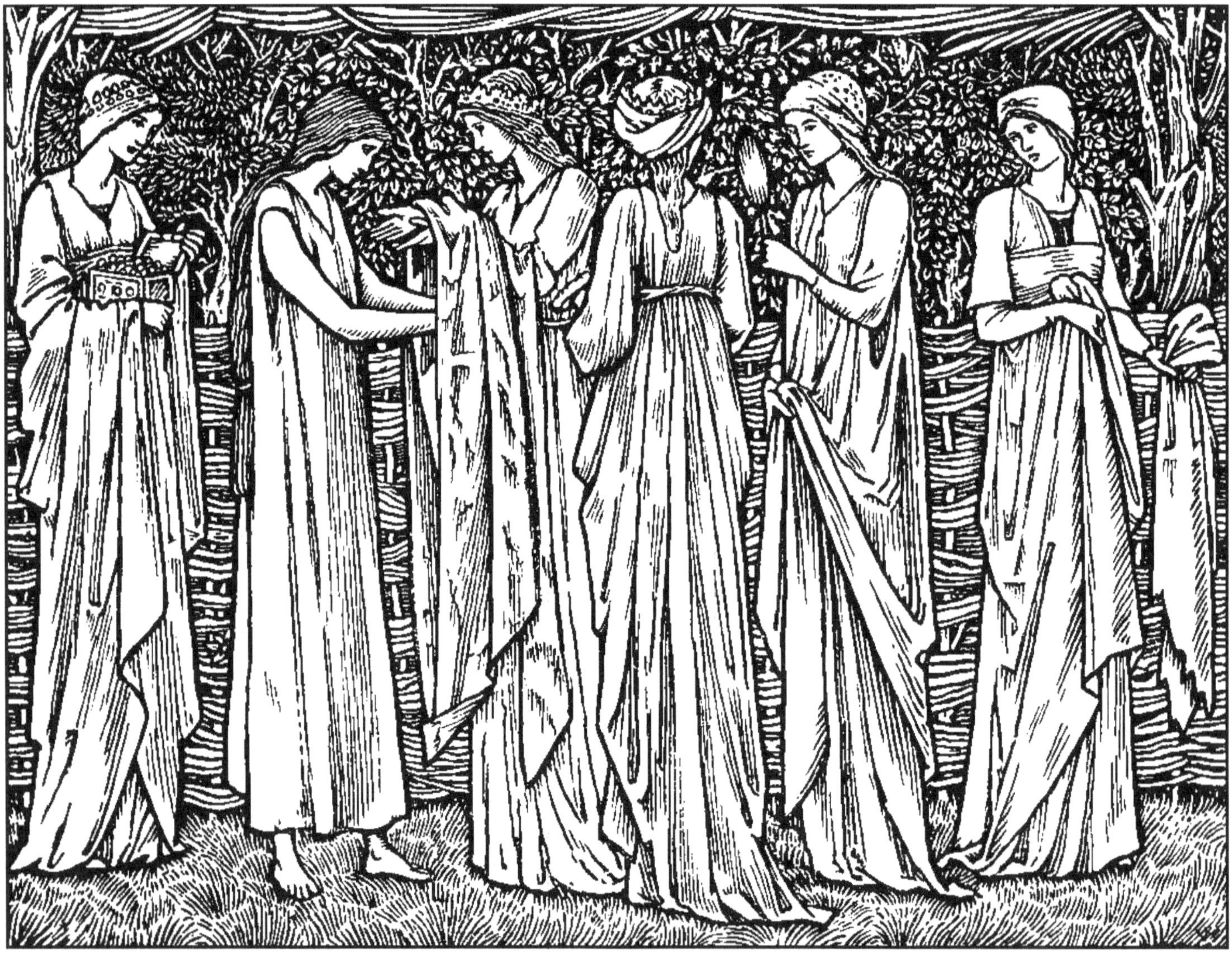

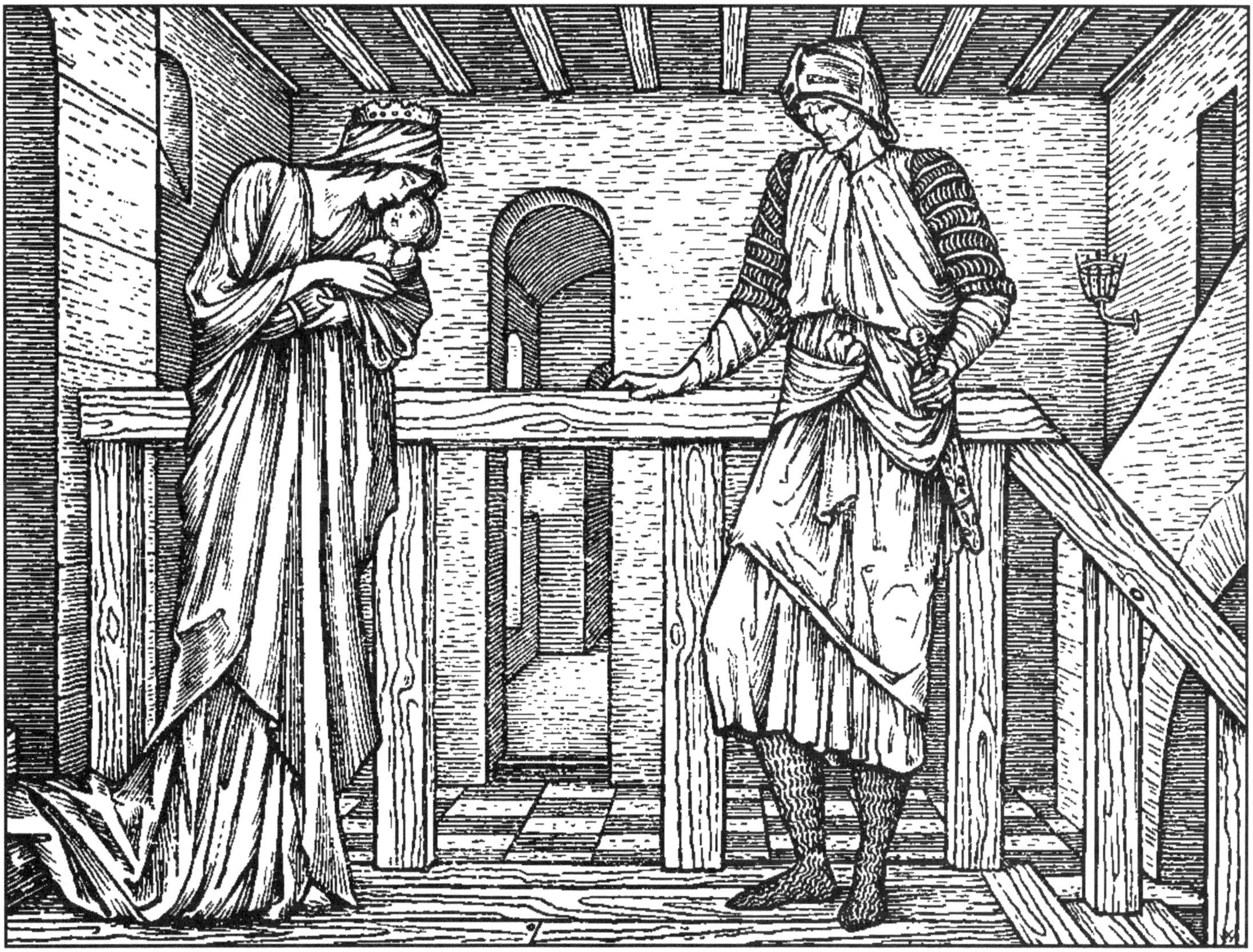

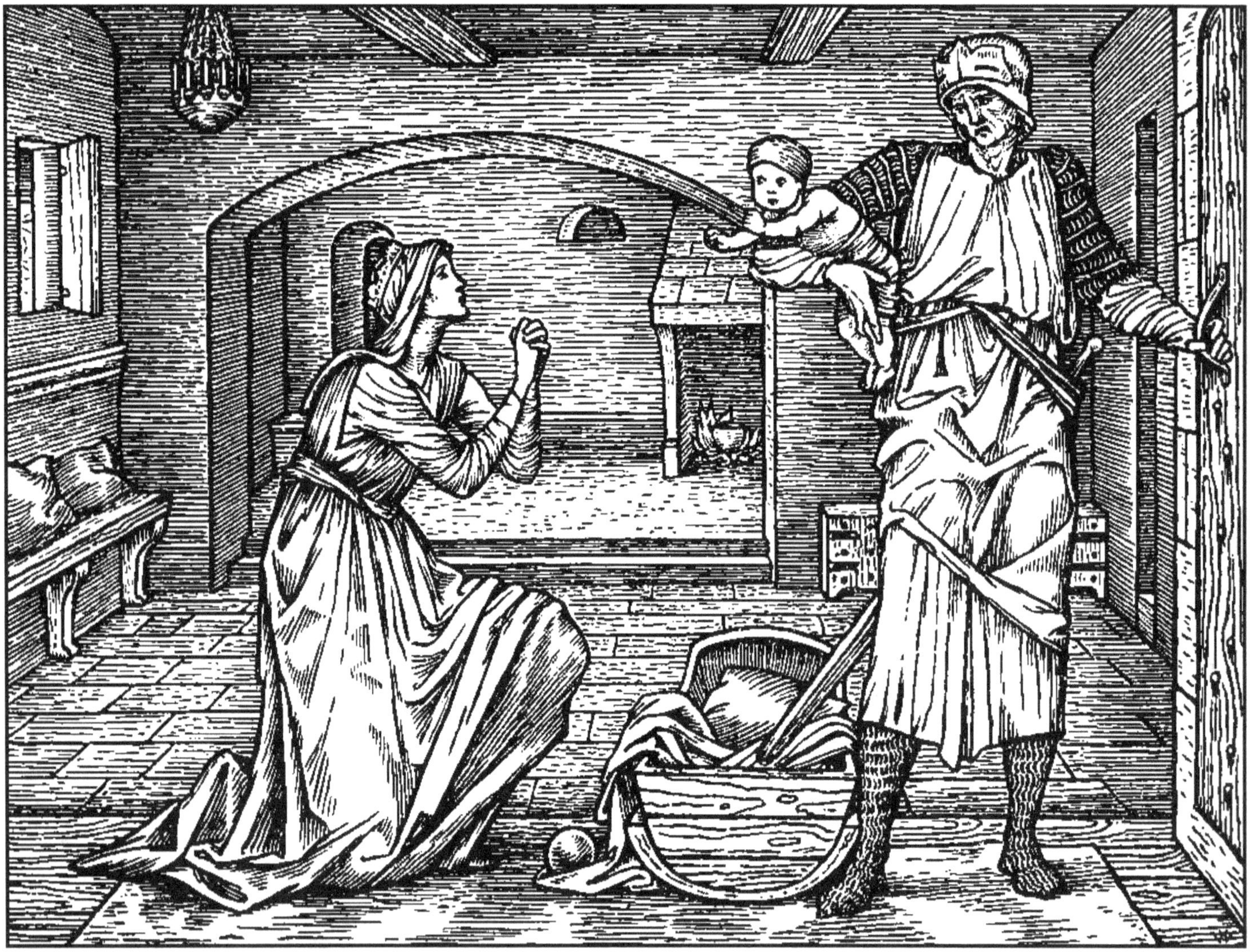

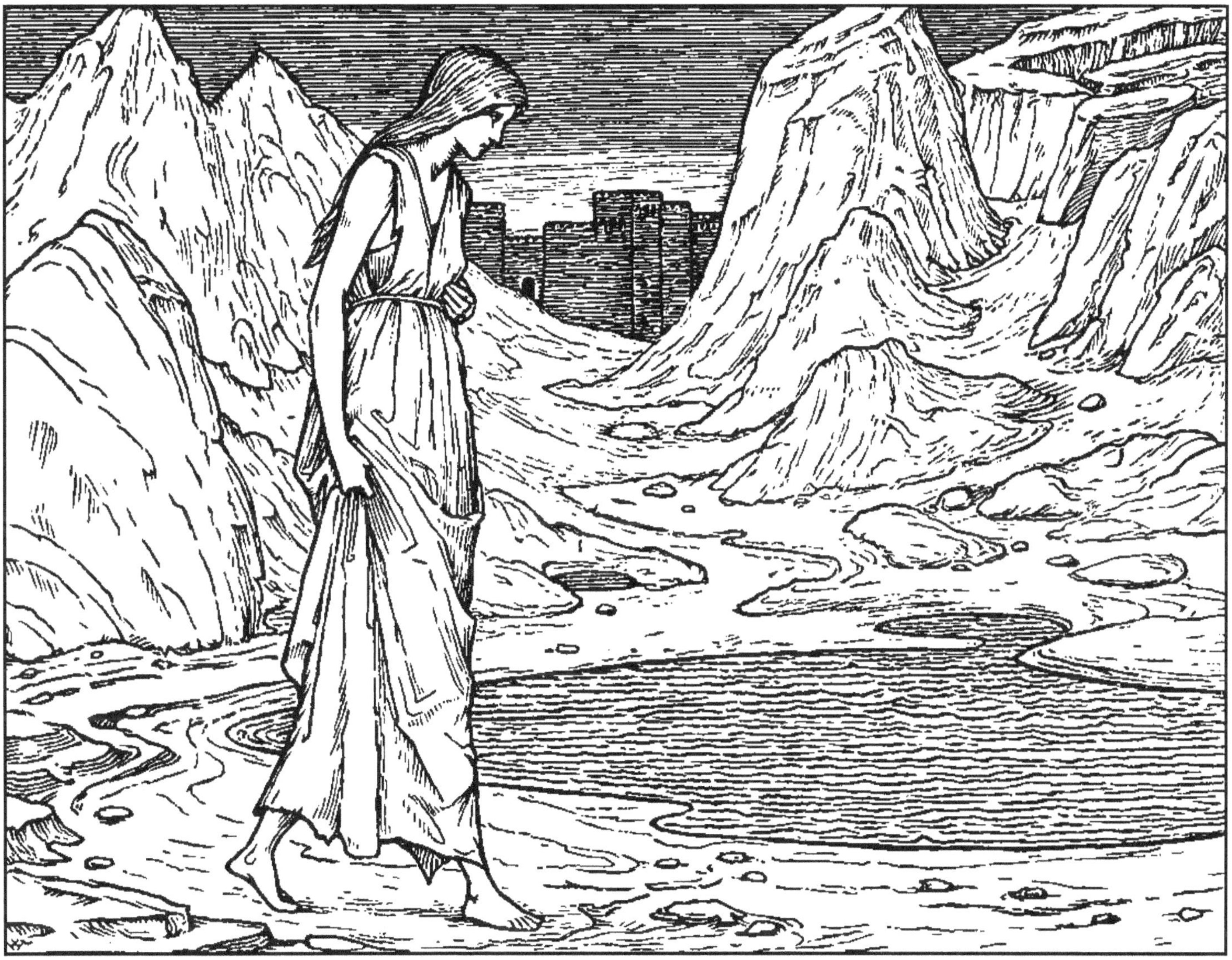

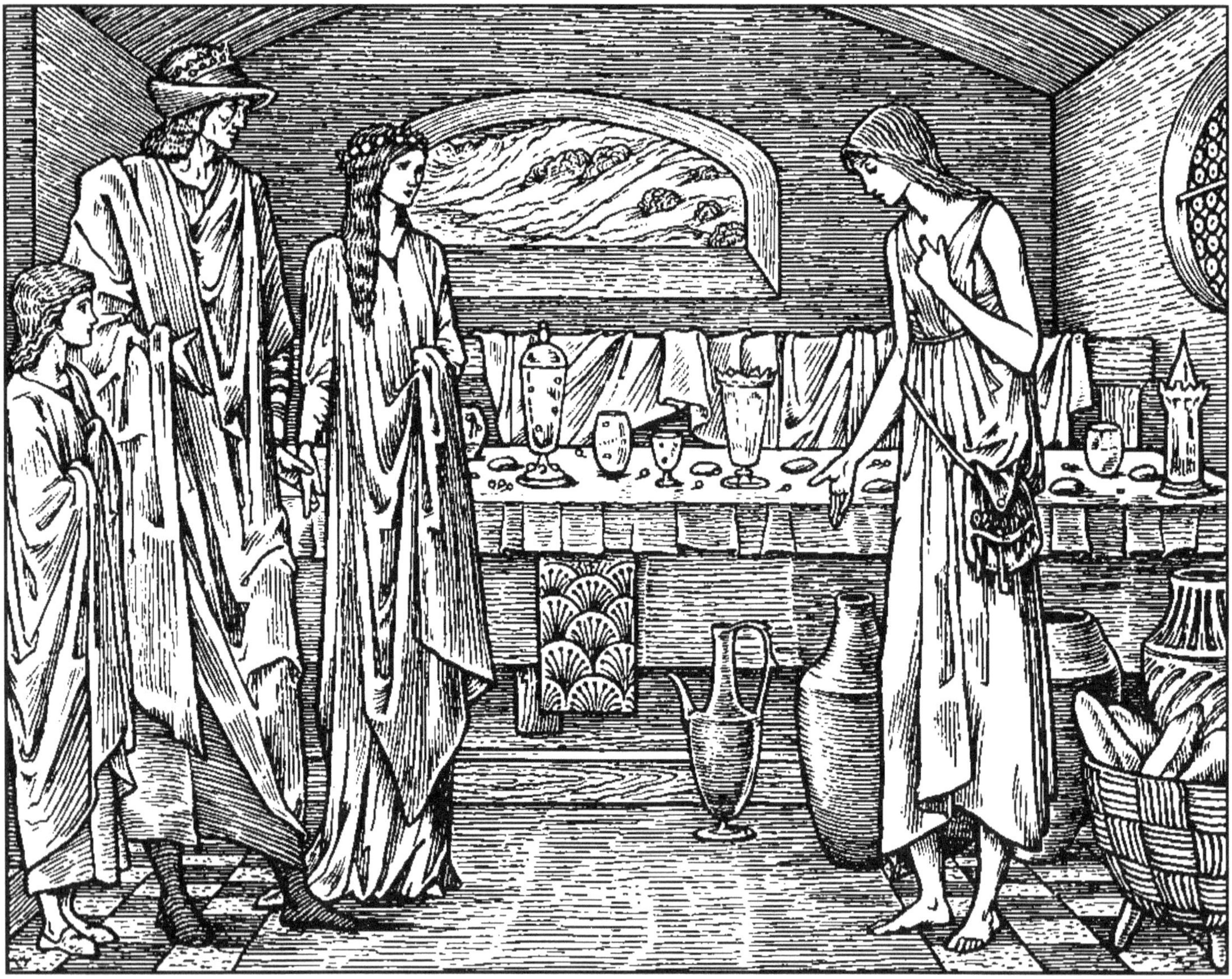

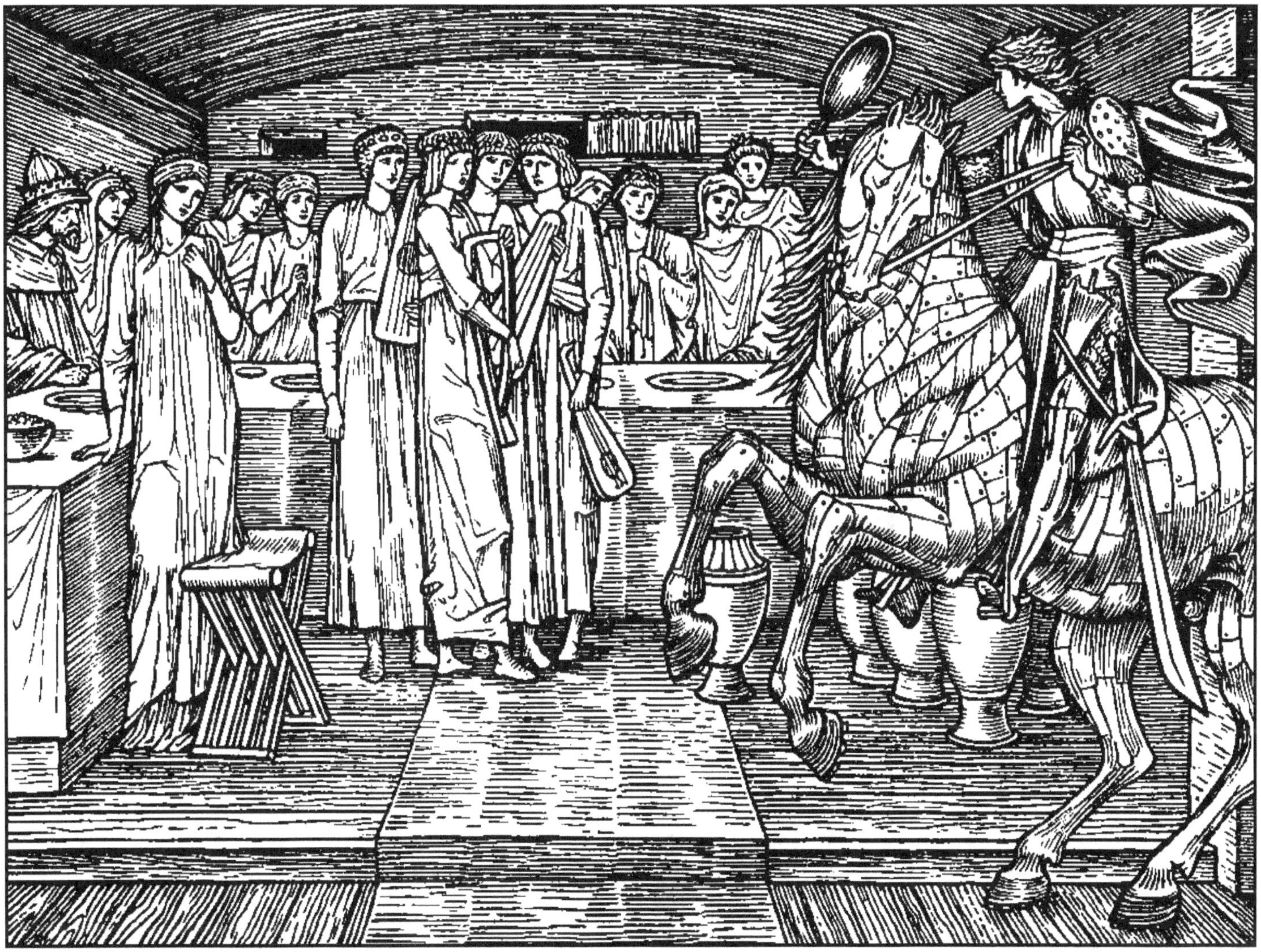

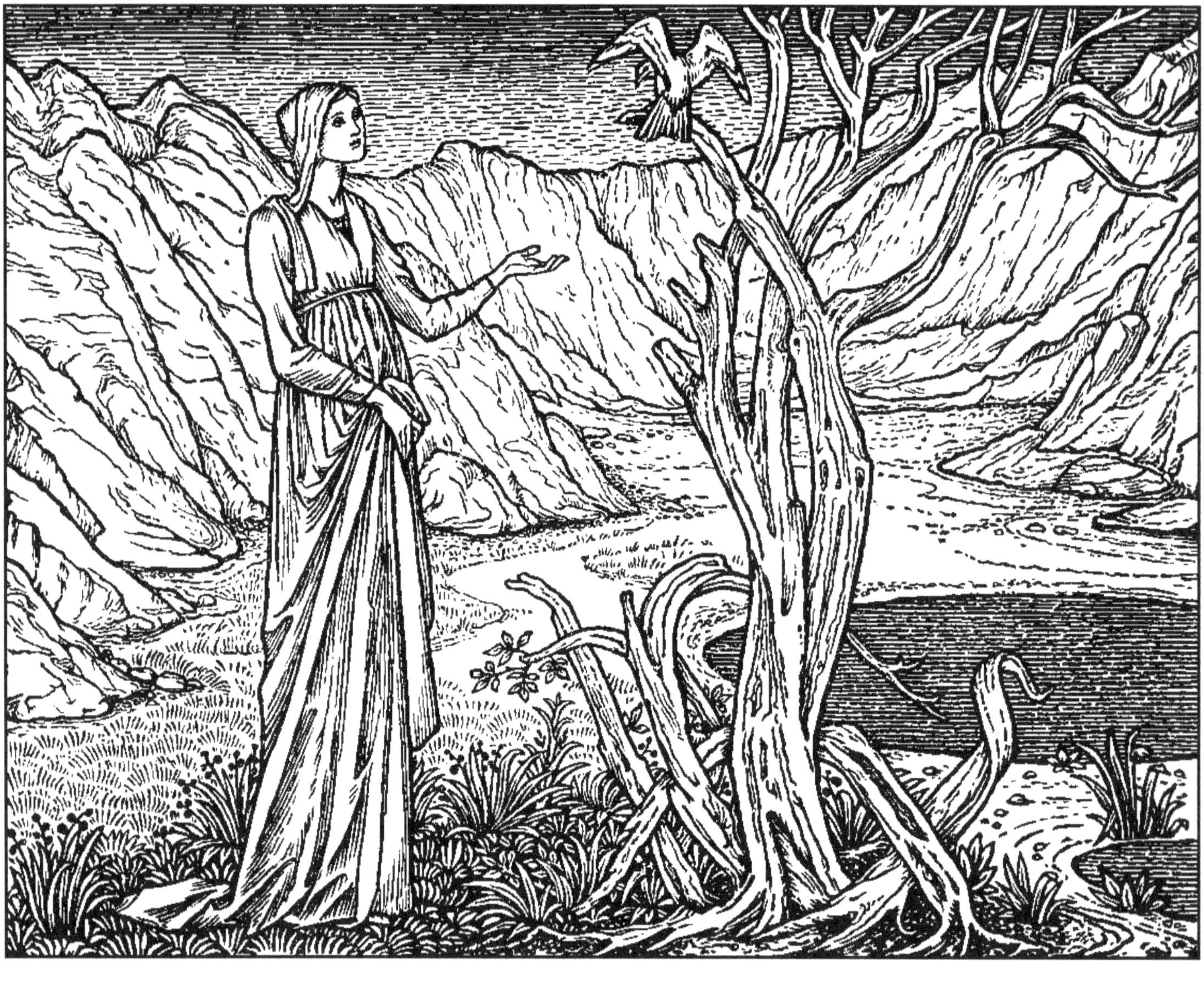

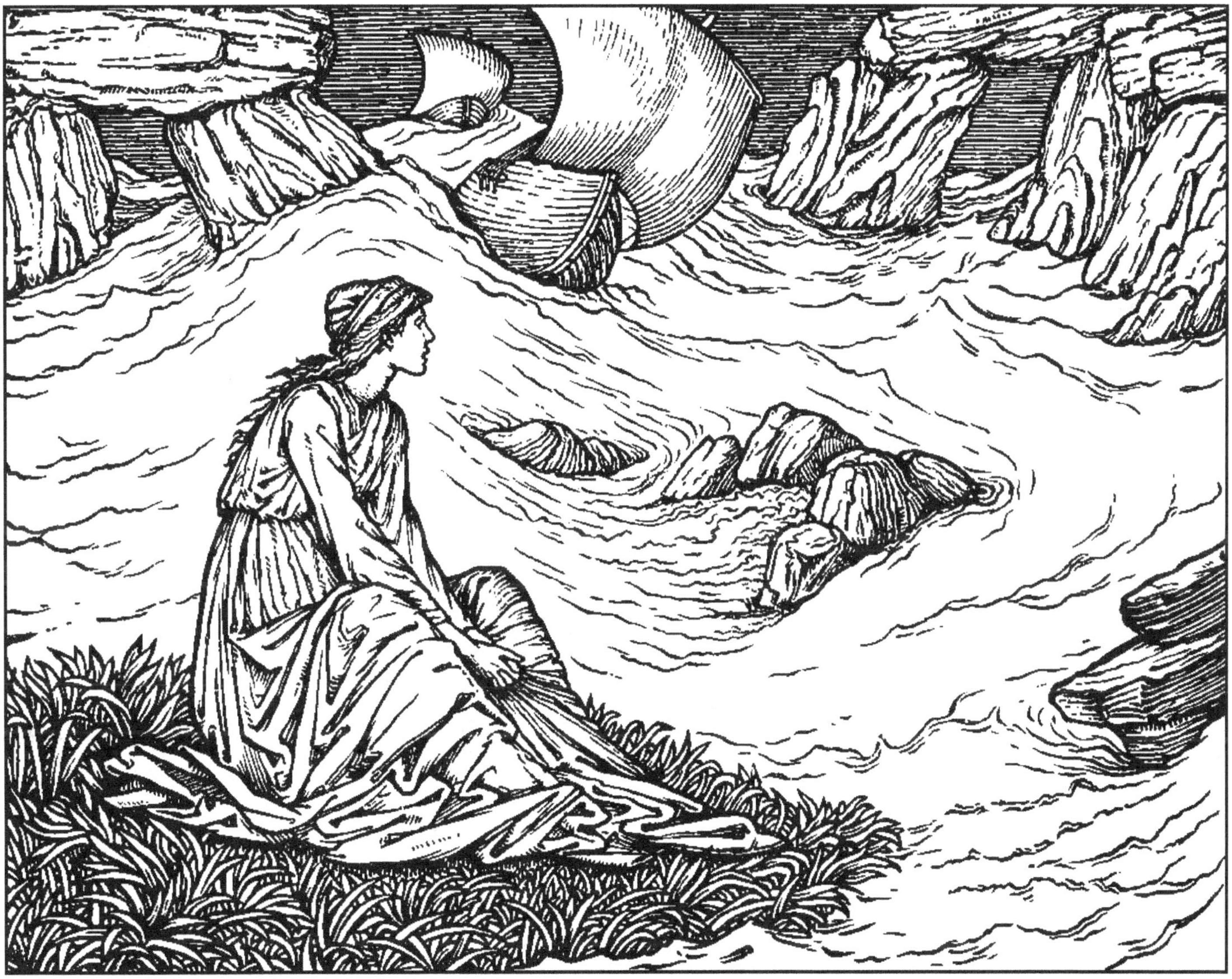

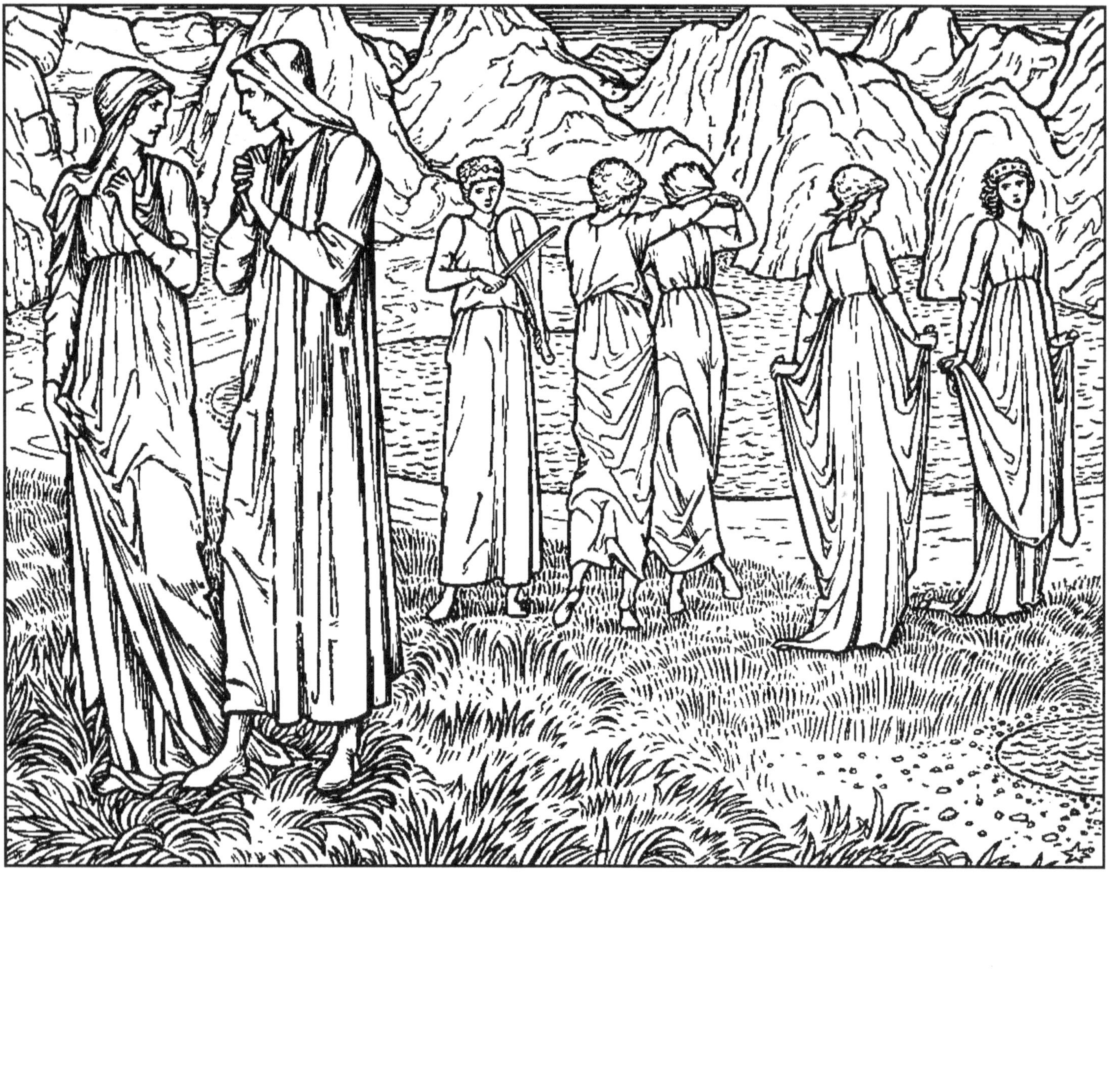

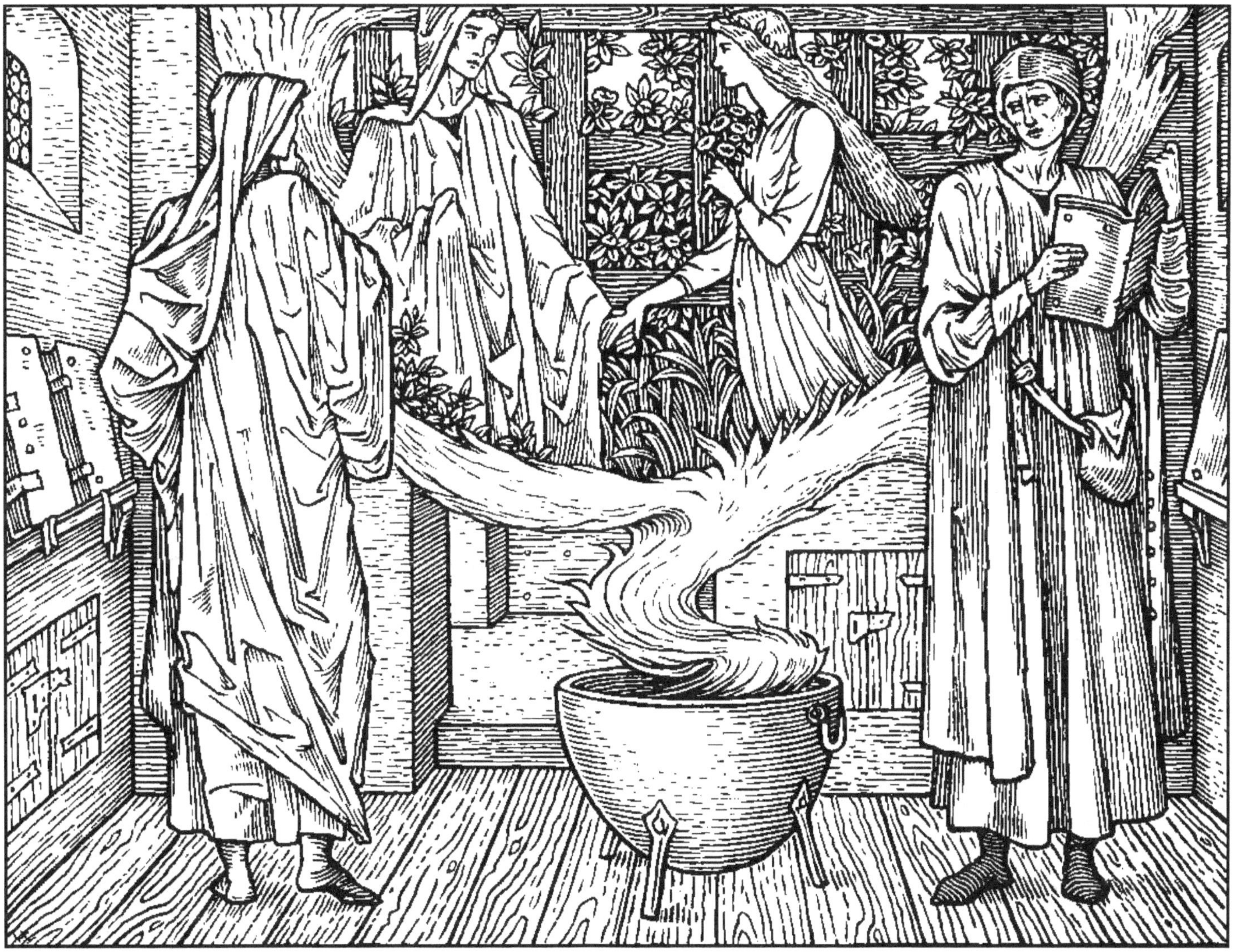

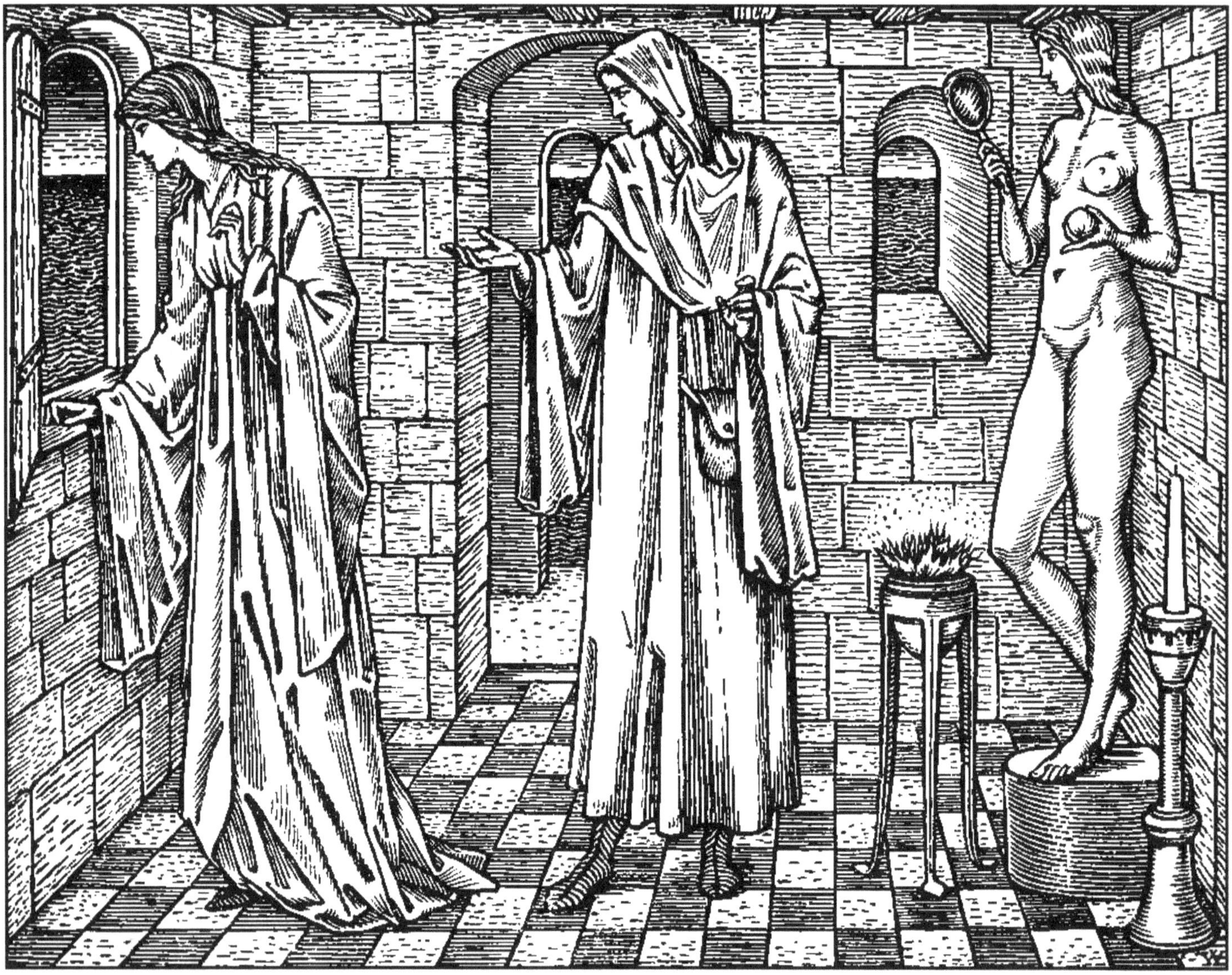

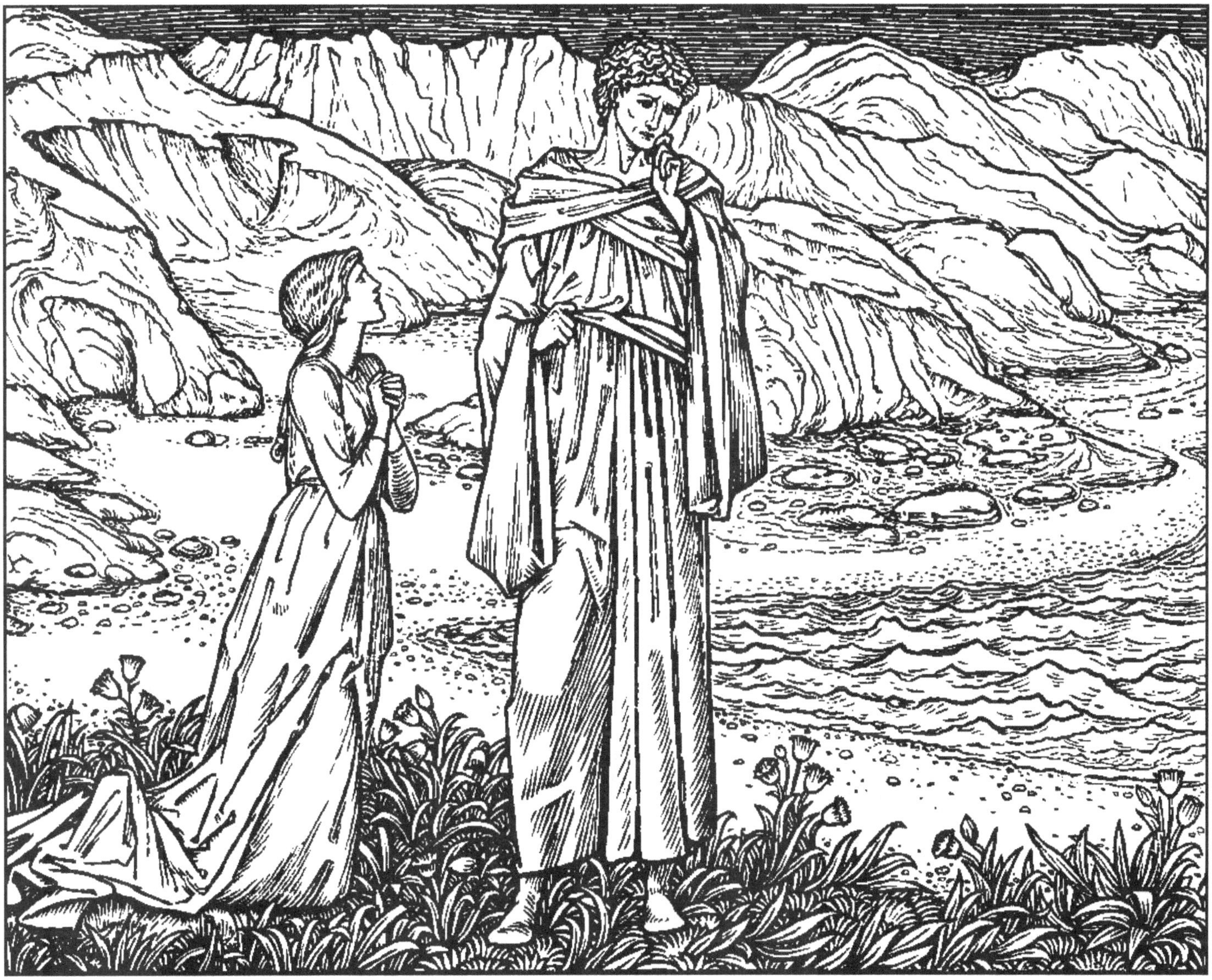

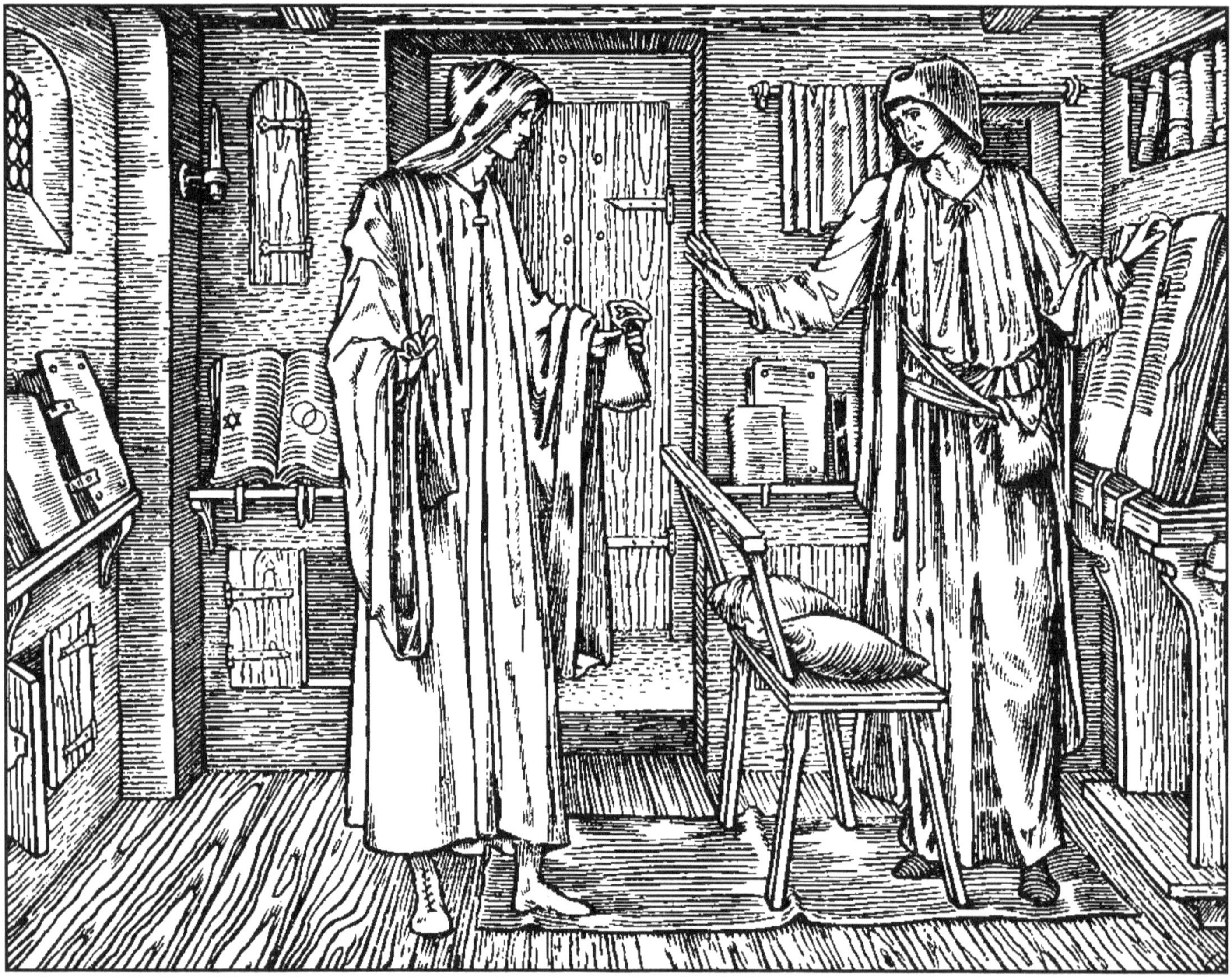

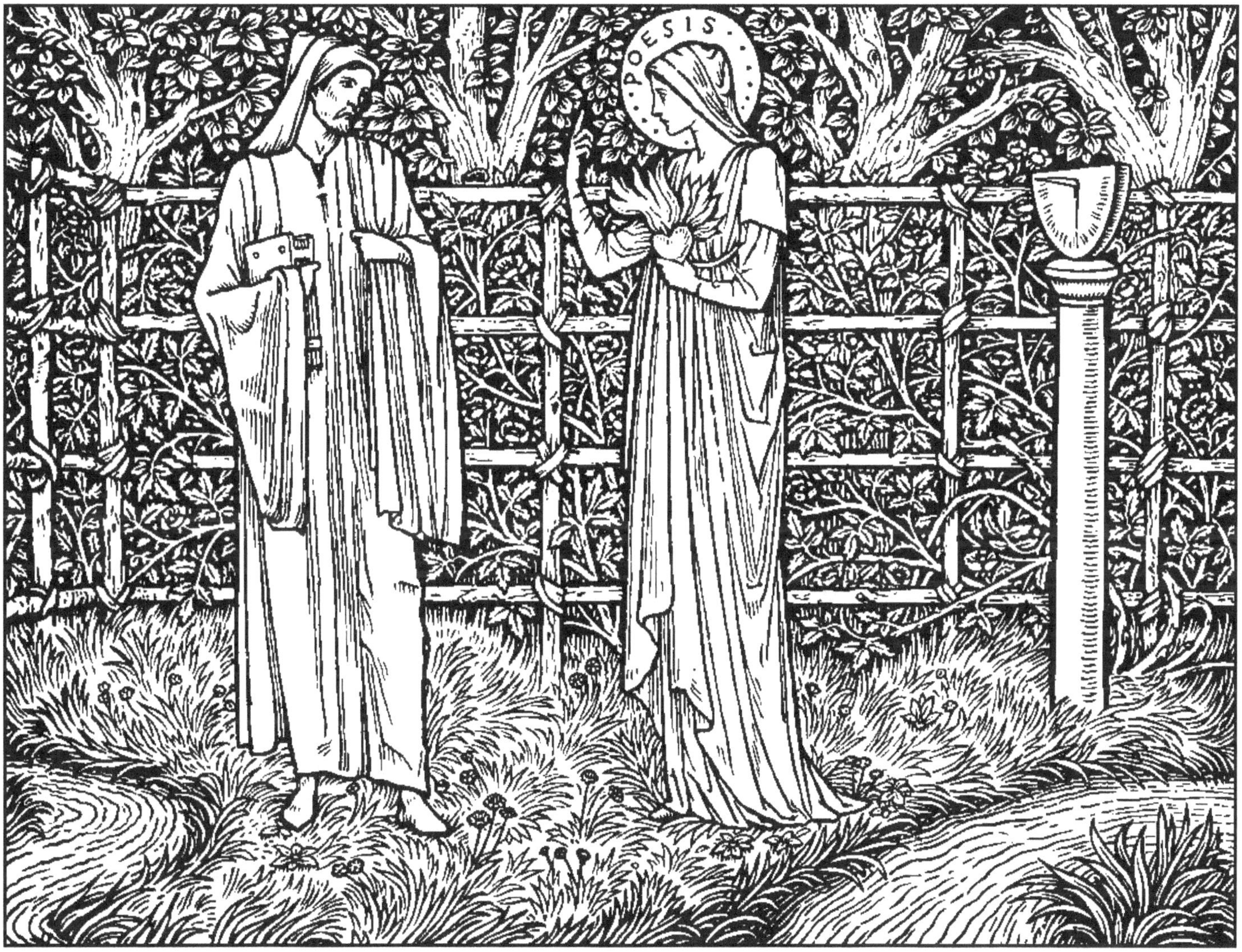
POESIS

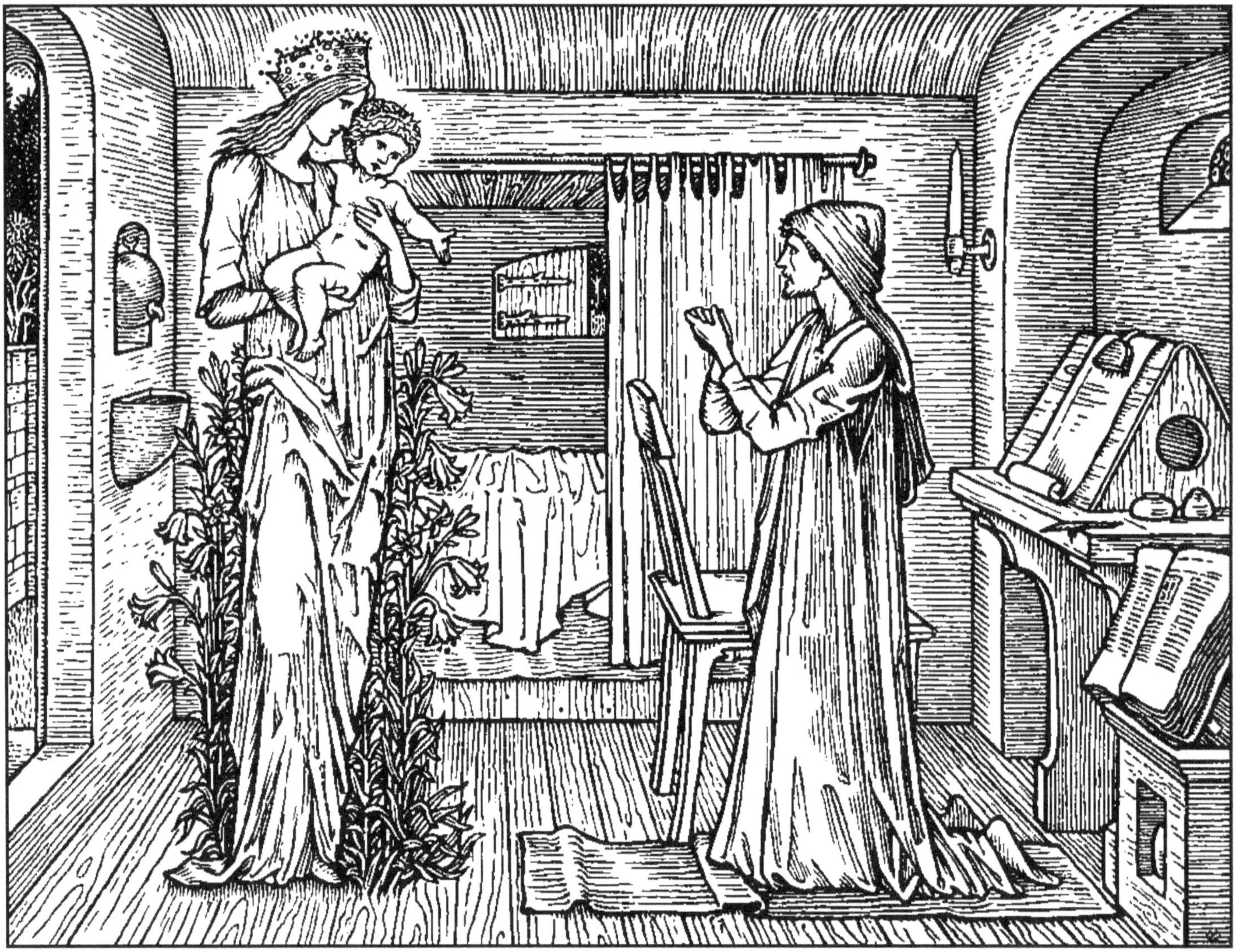

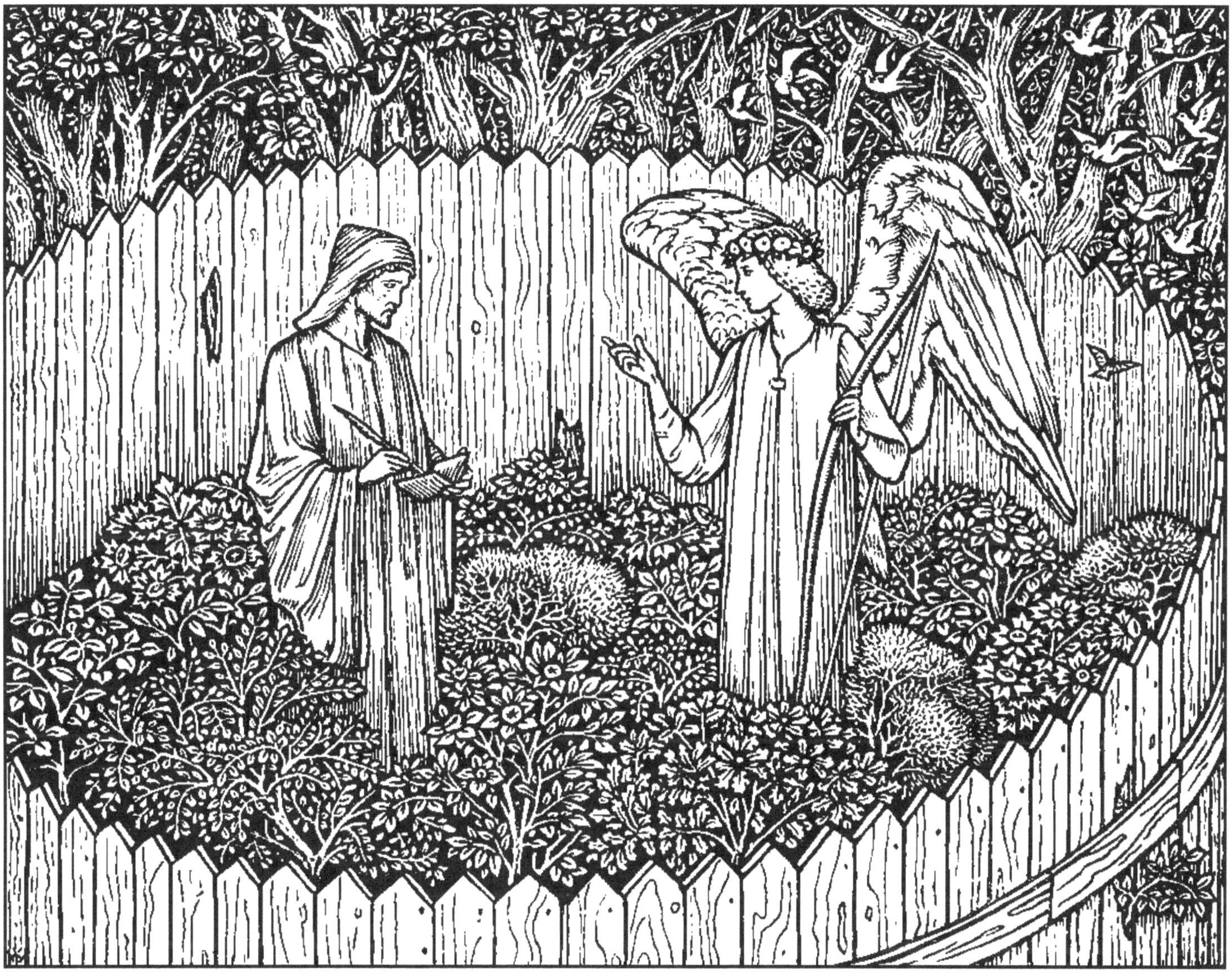

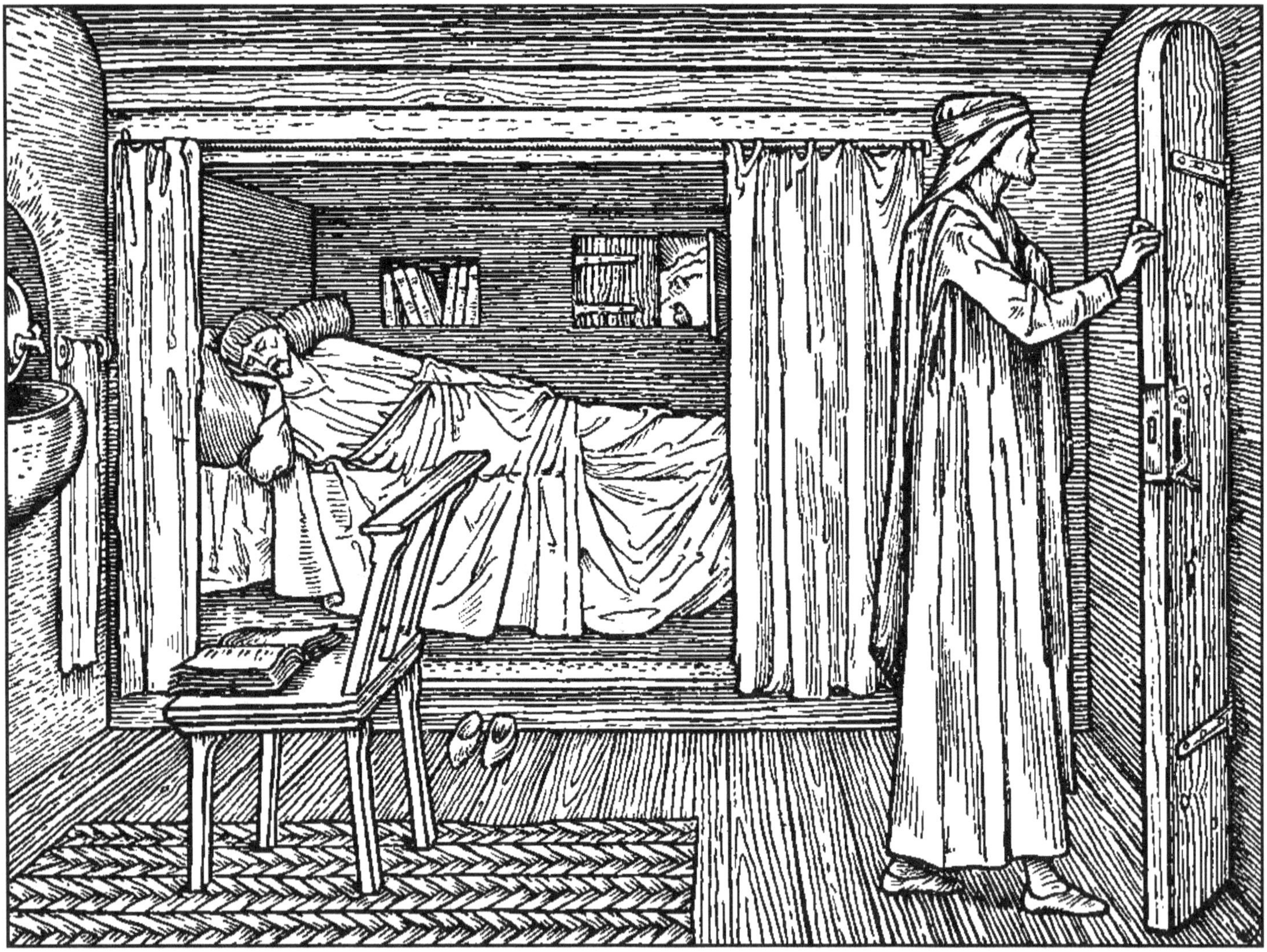

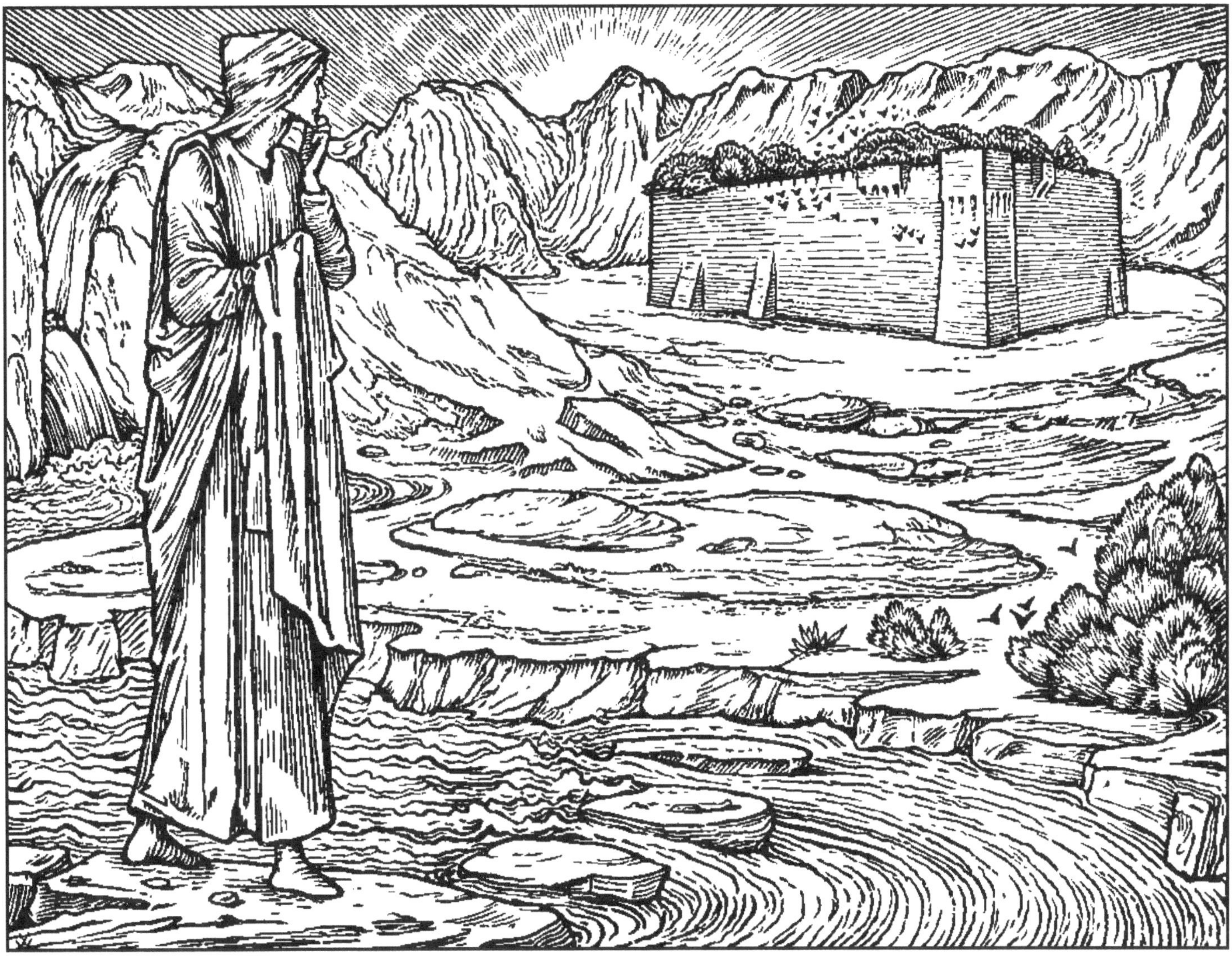

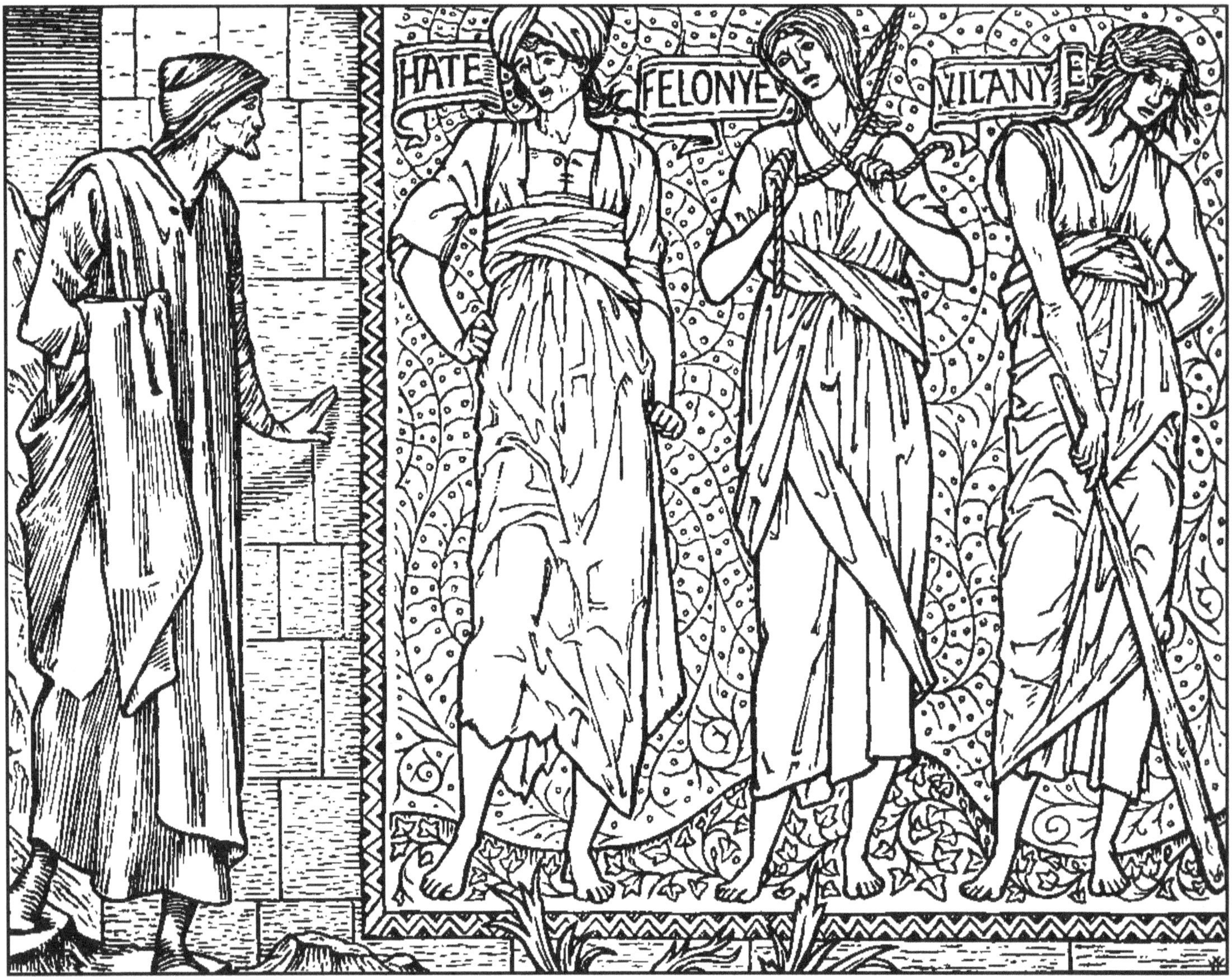
HATE
FELONYE
VILANYE

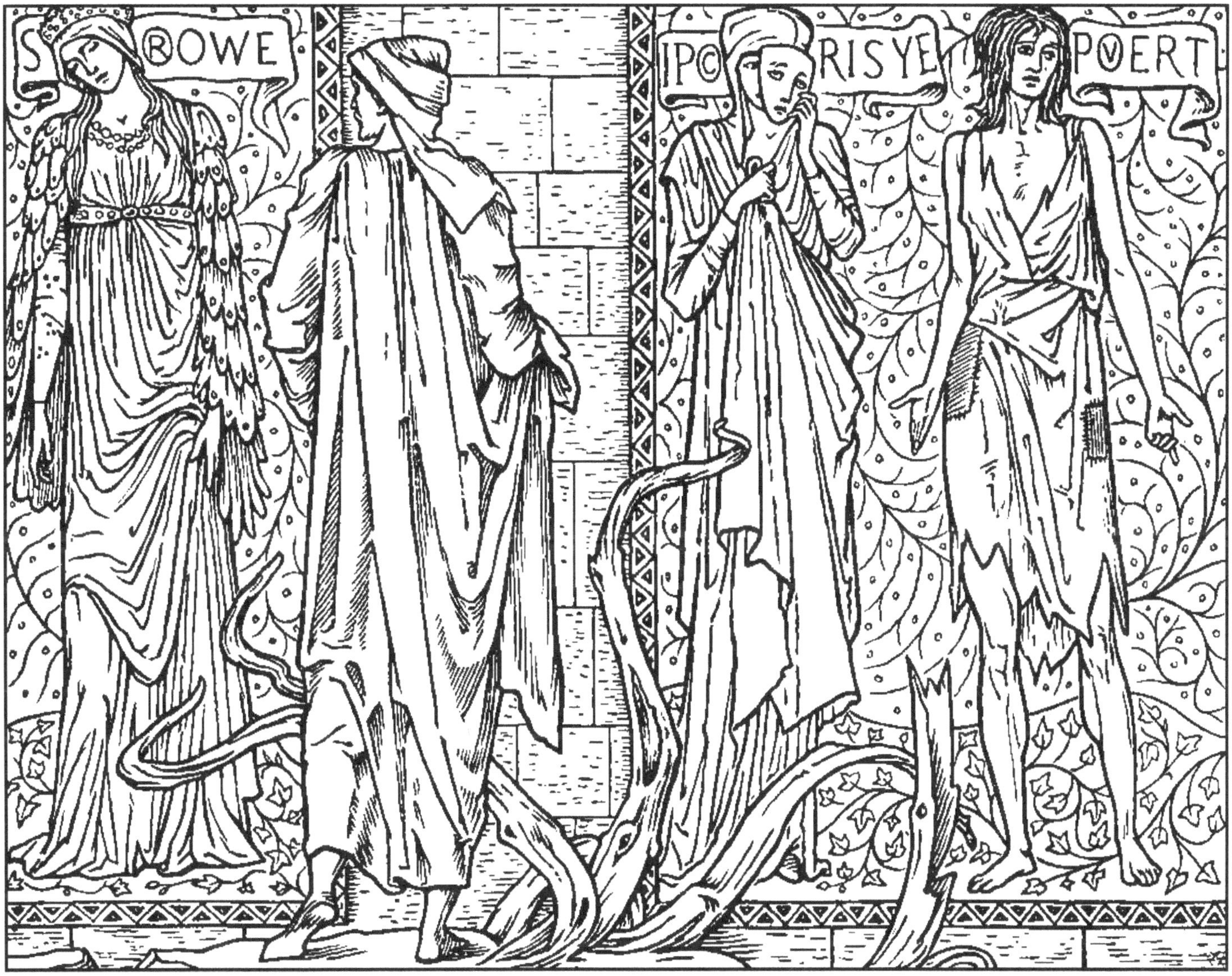
S ROWE
IPO RISYE
POVERT

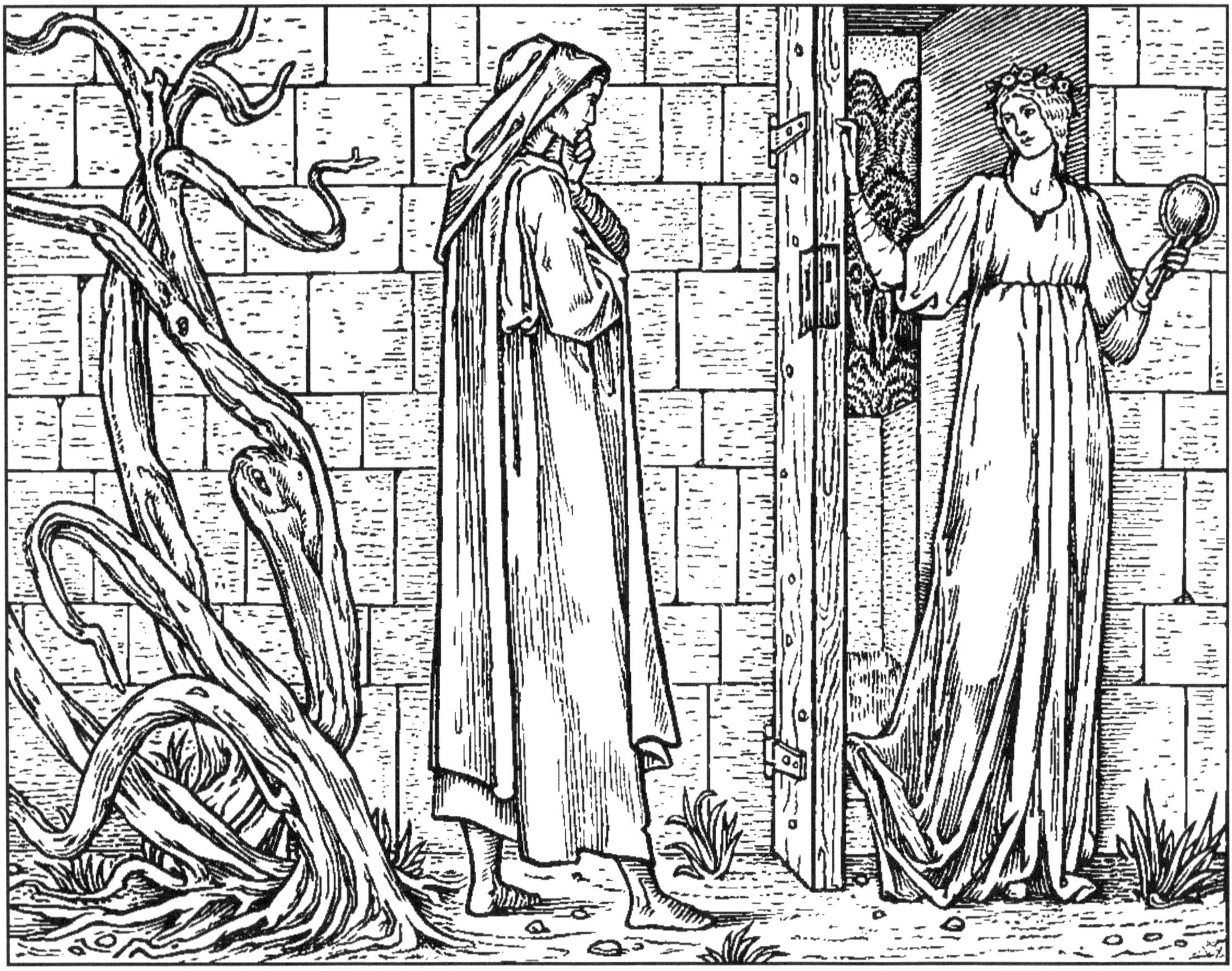

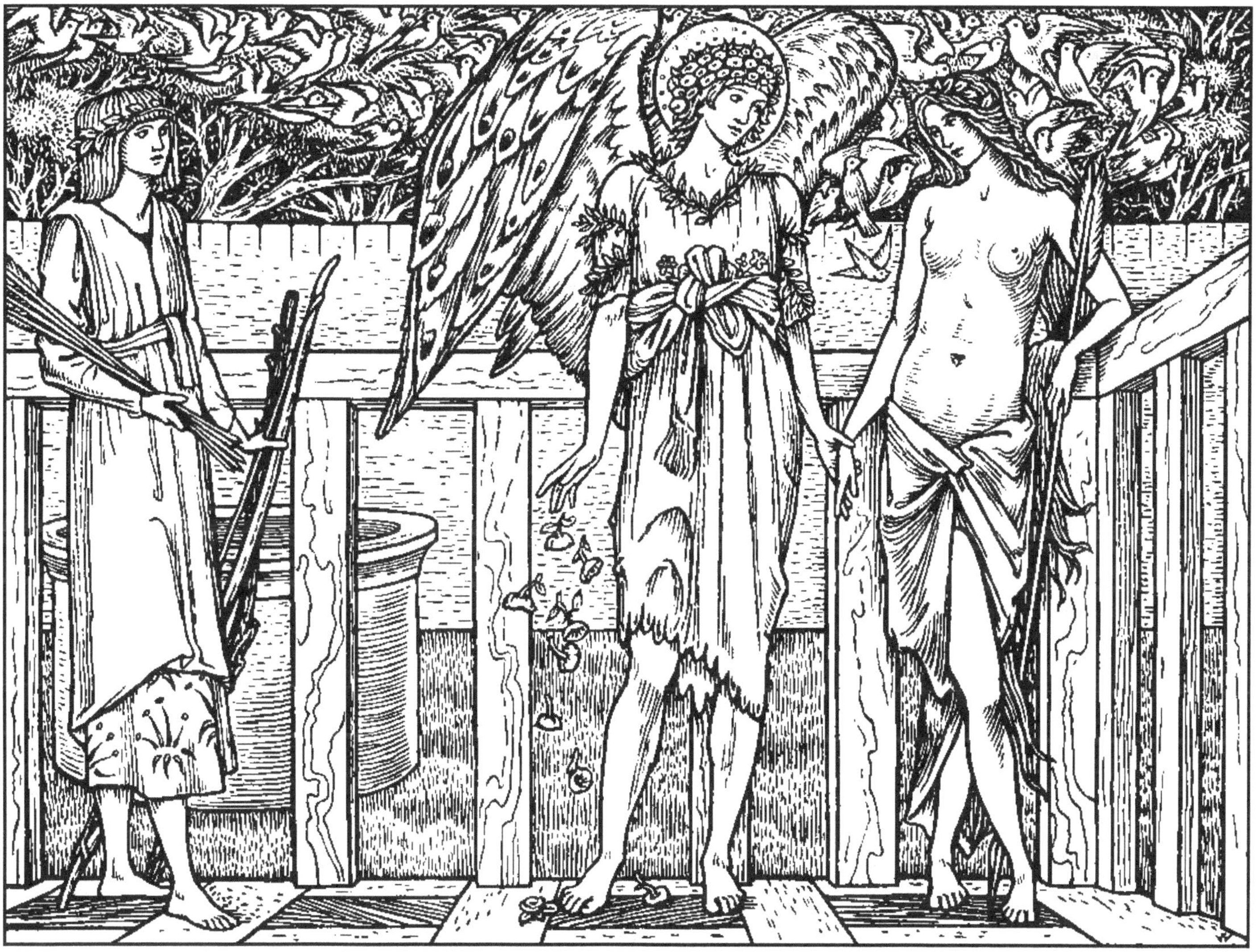

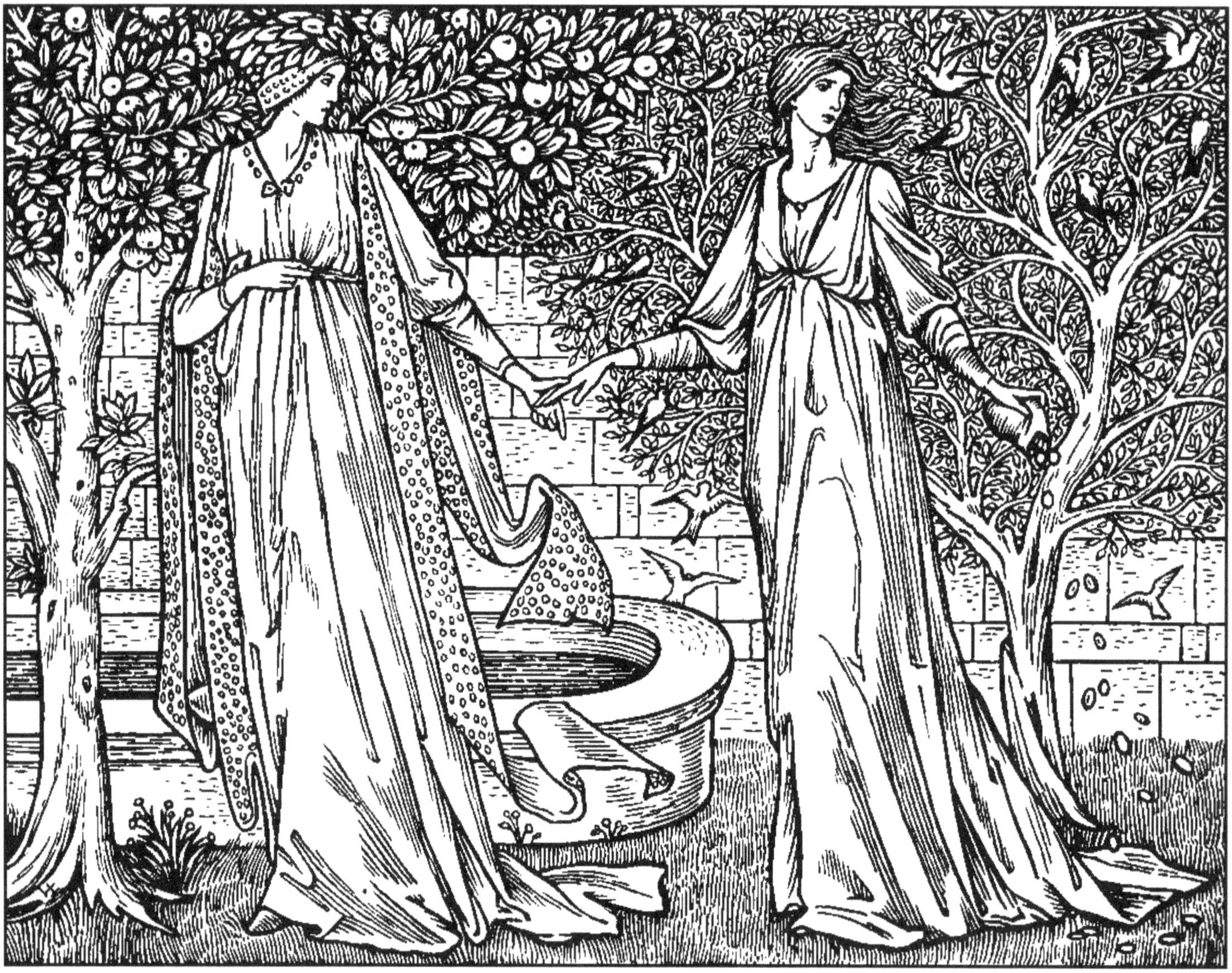

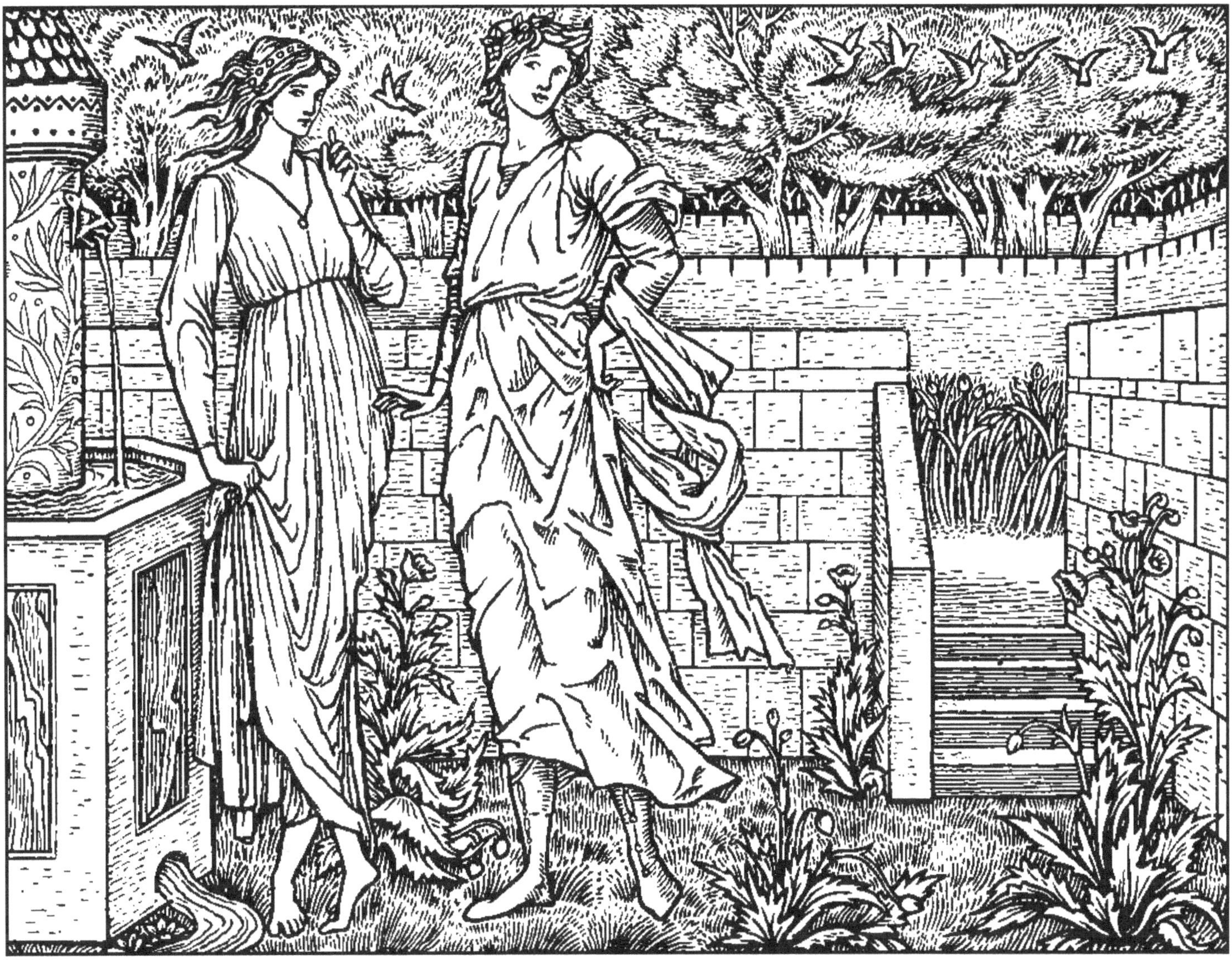

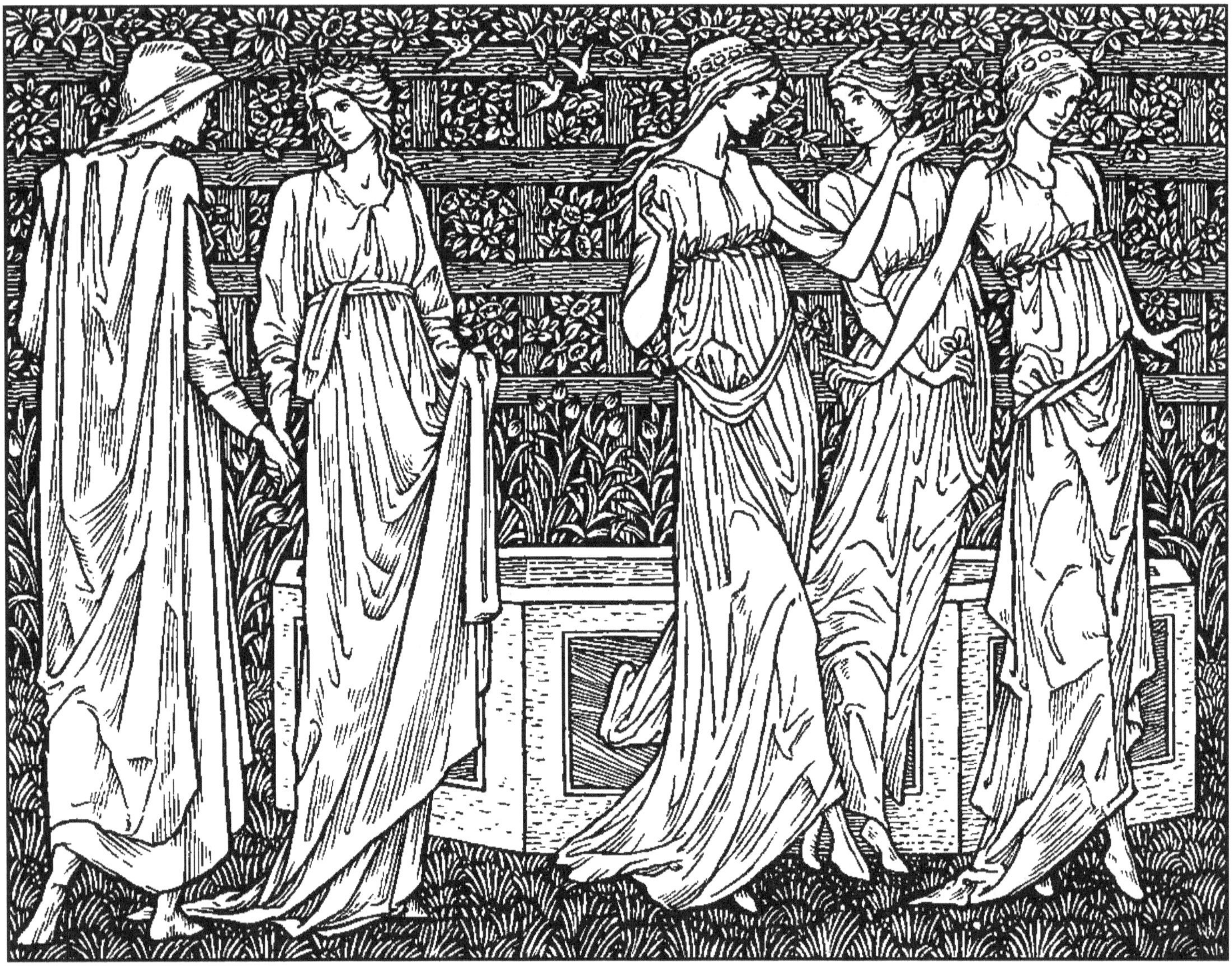

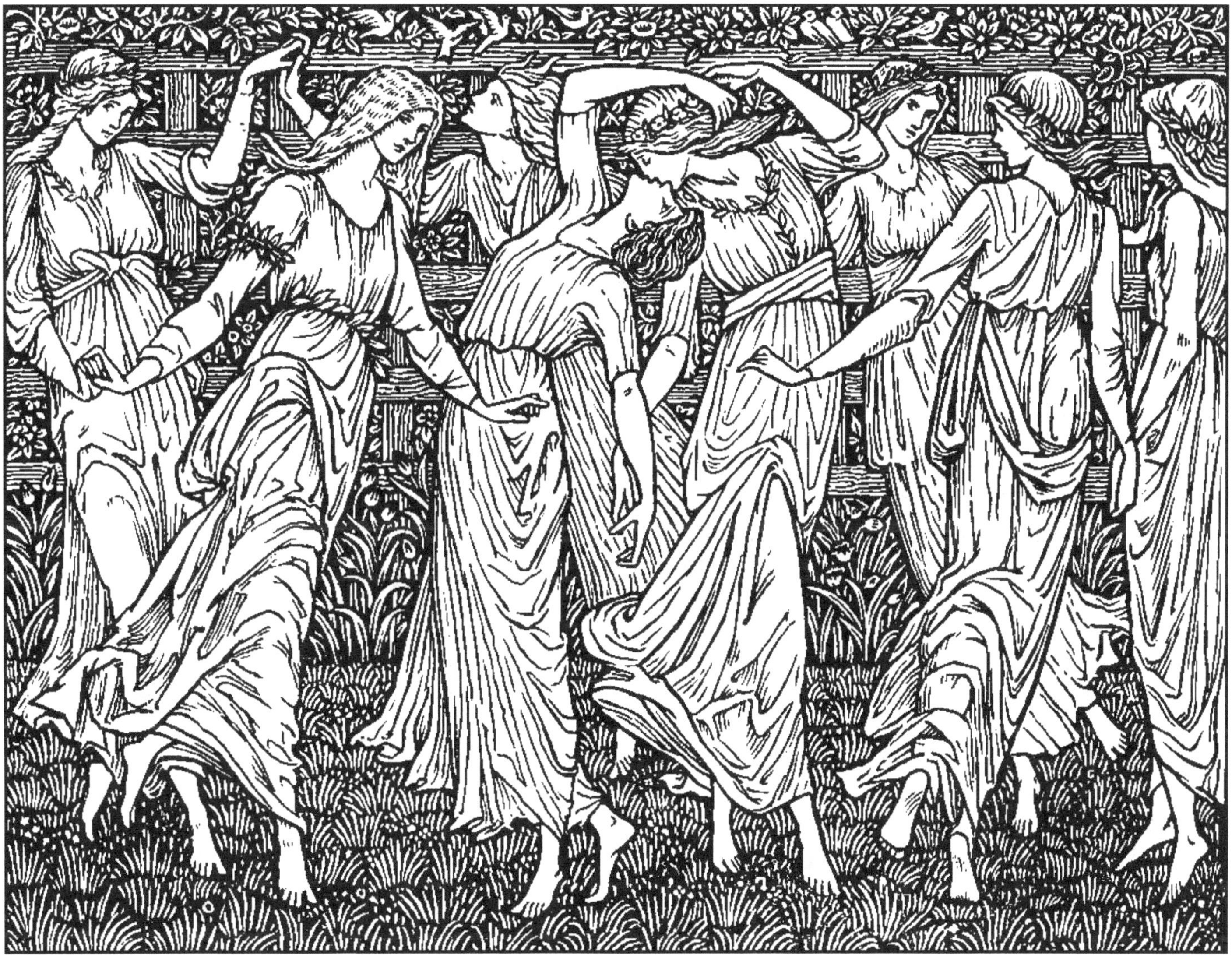

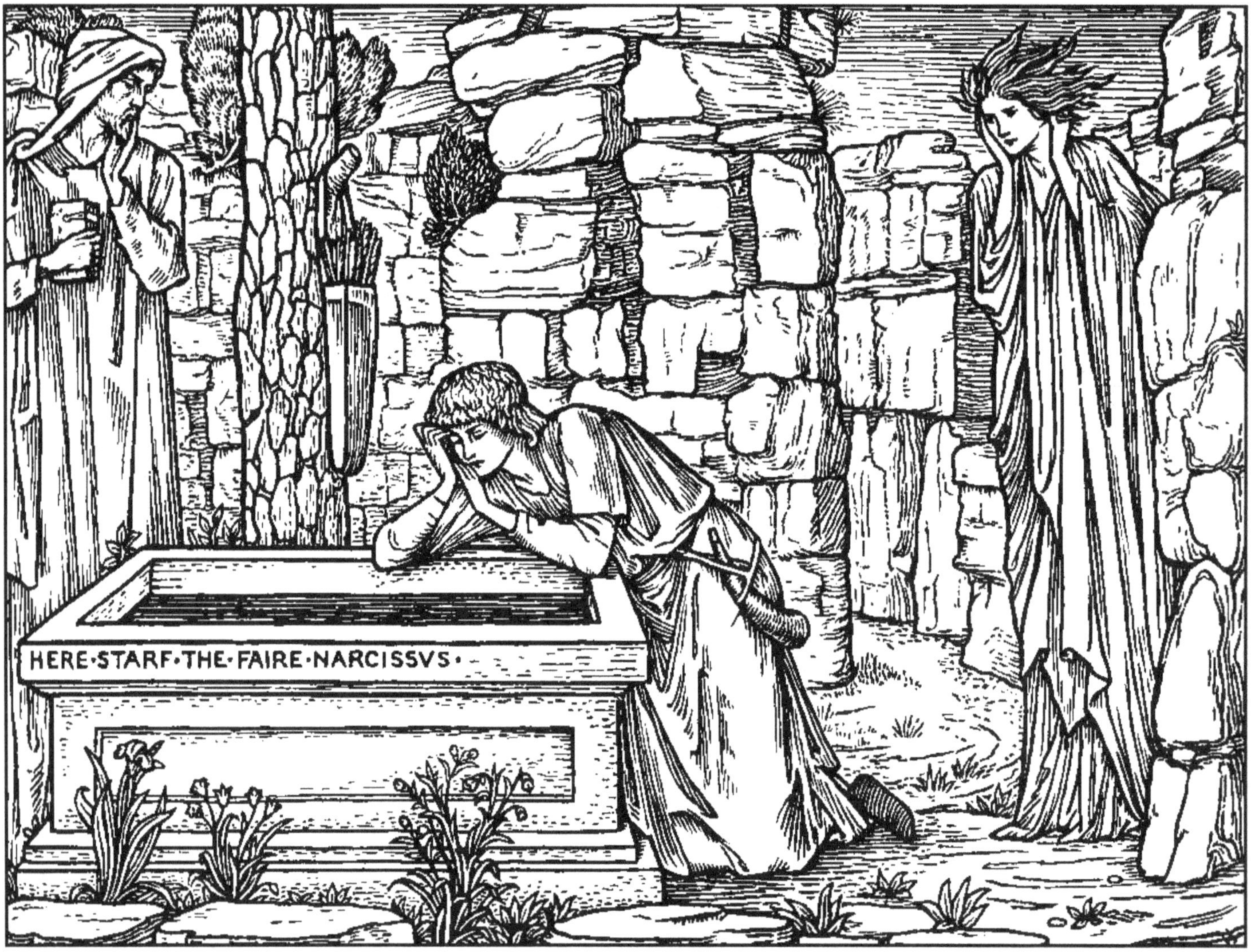
HERE·STARF·THE·FAIRE·NARCISSVS·

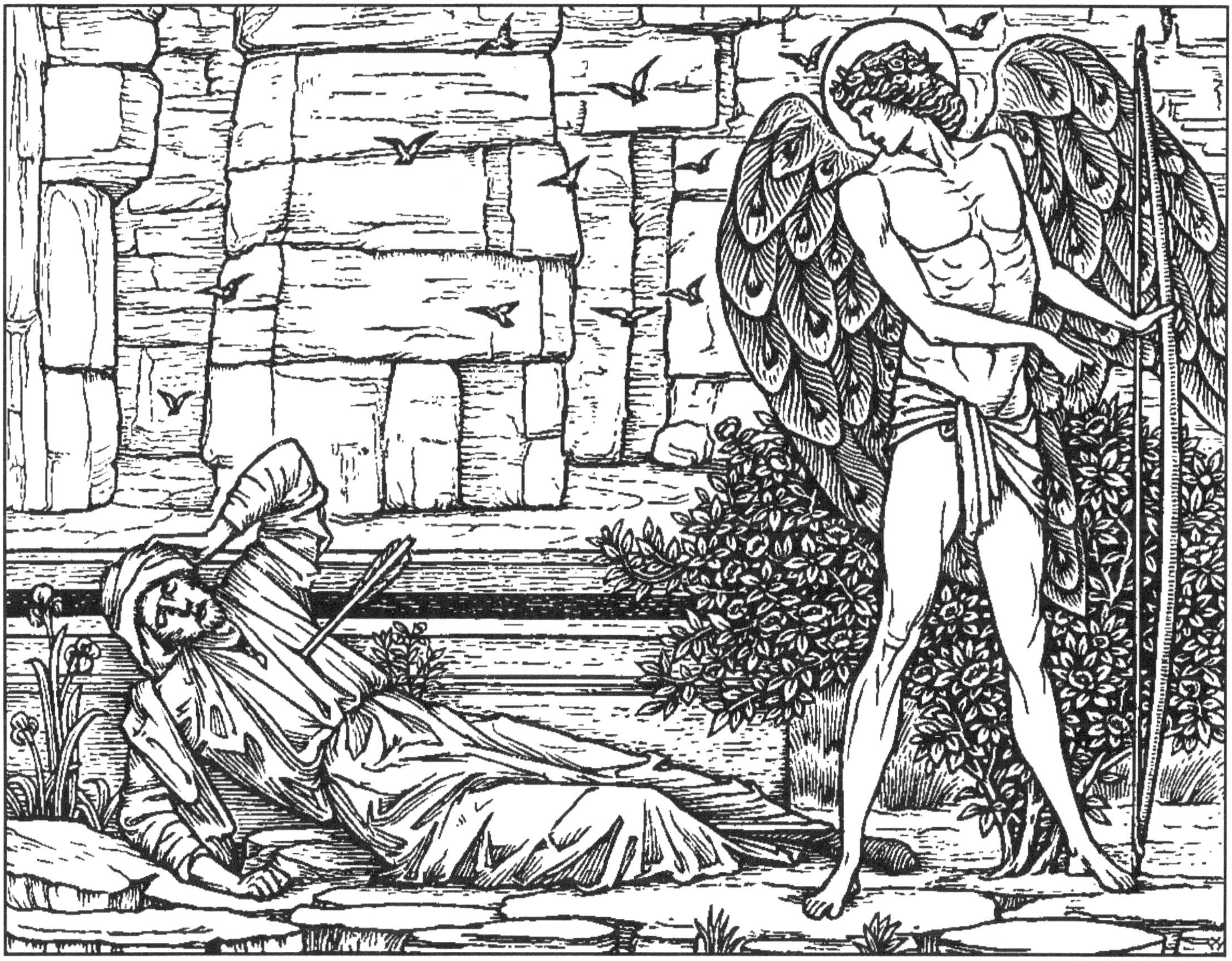

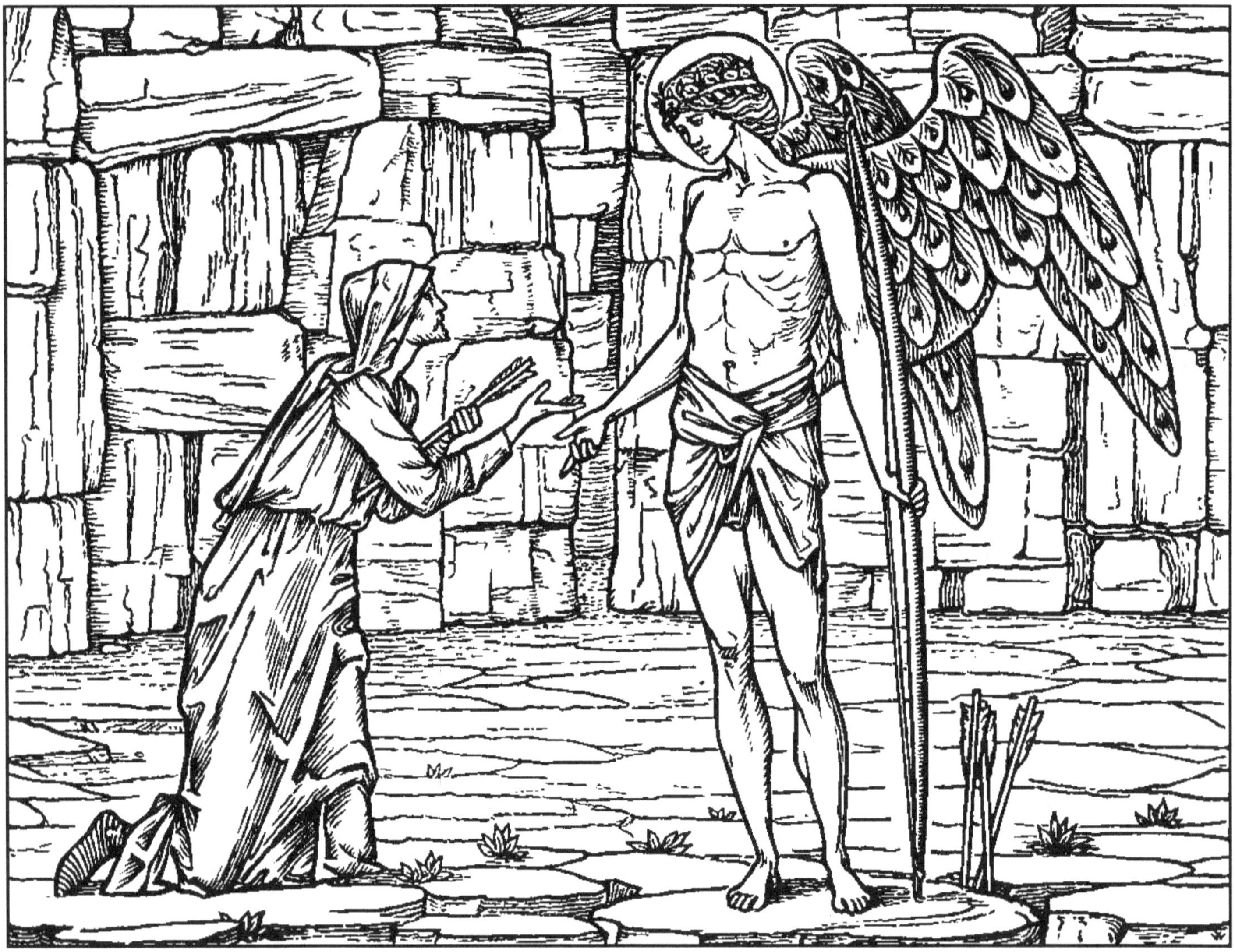

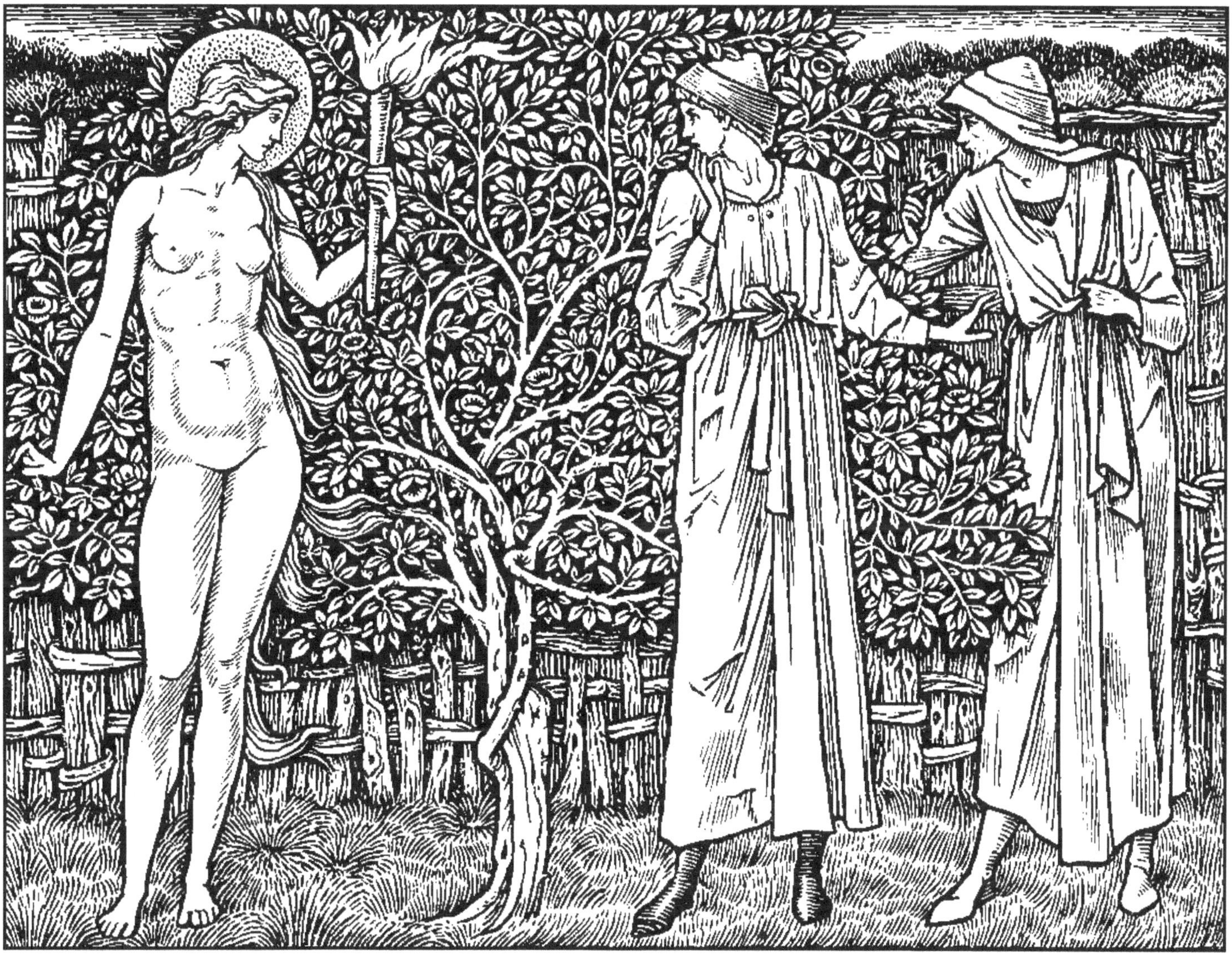

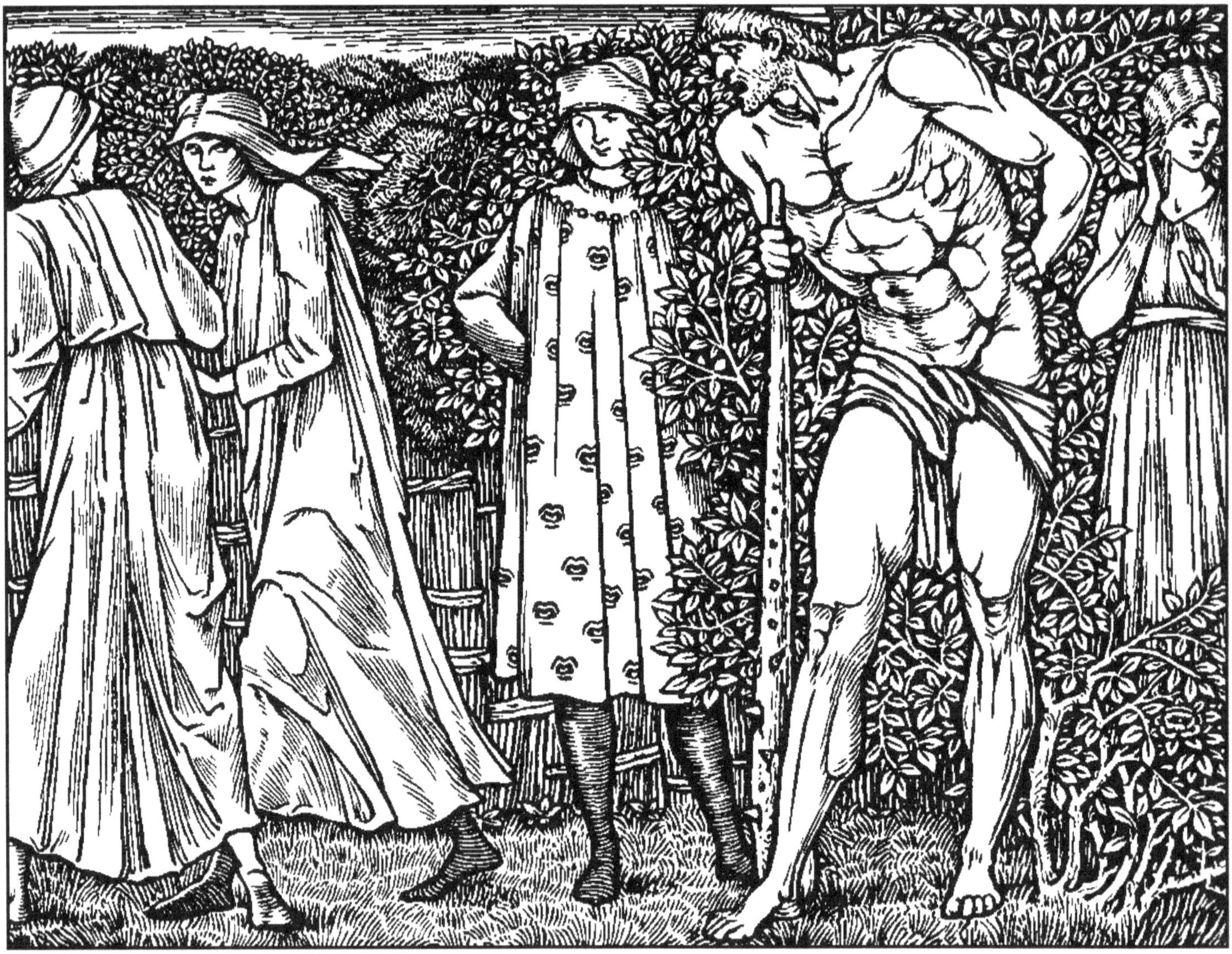

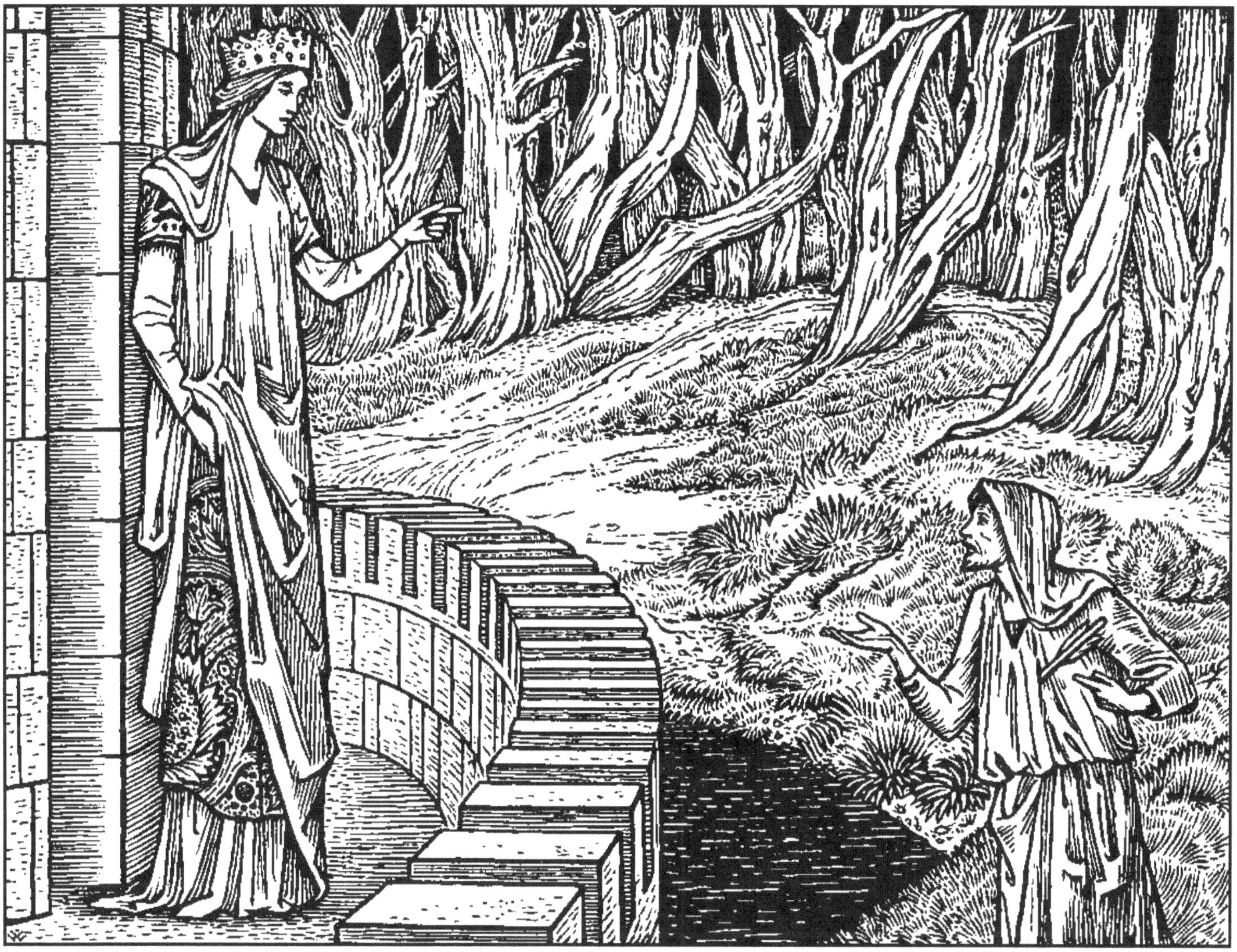

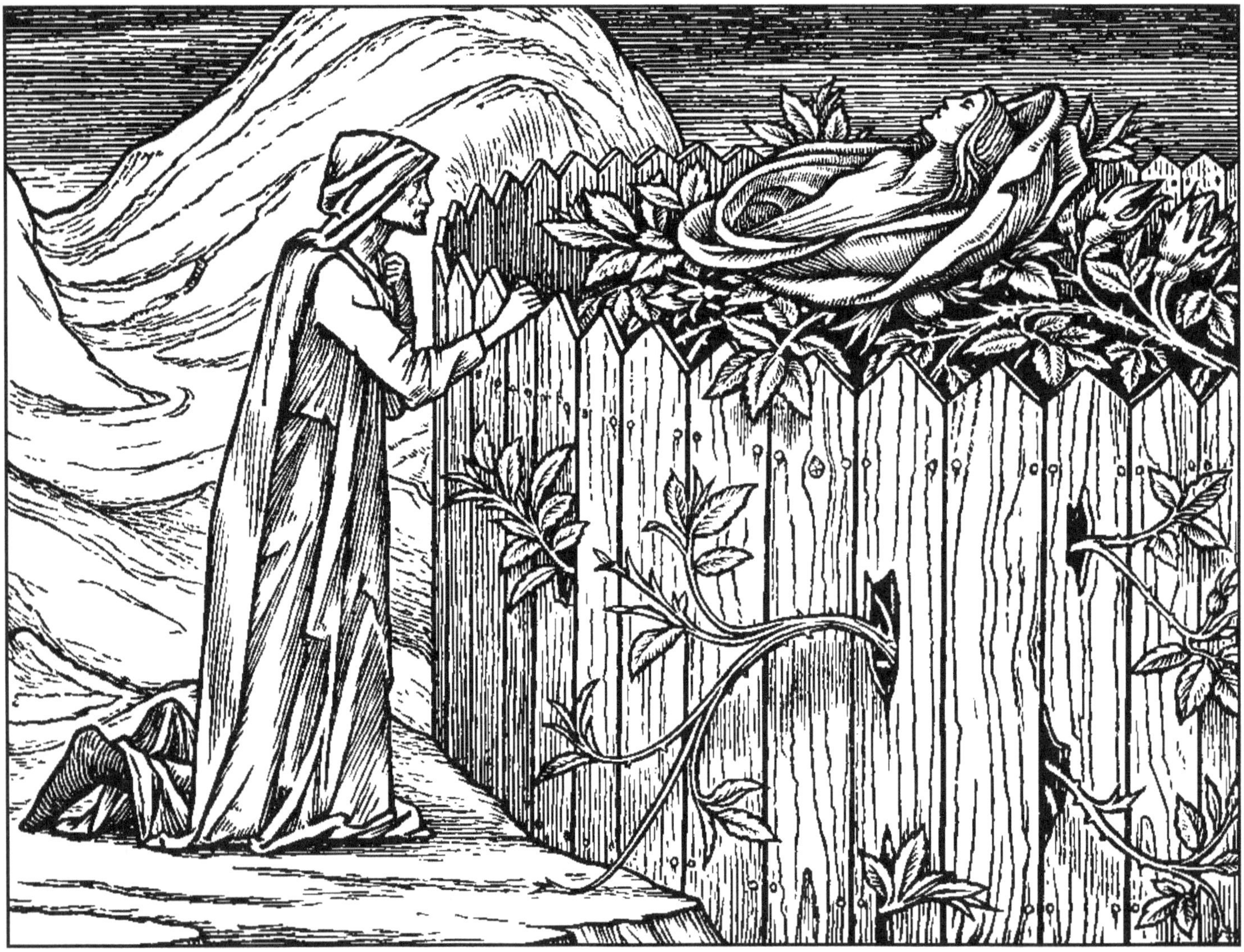

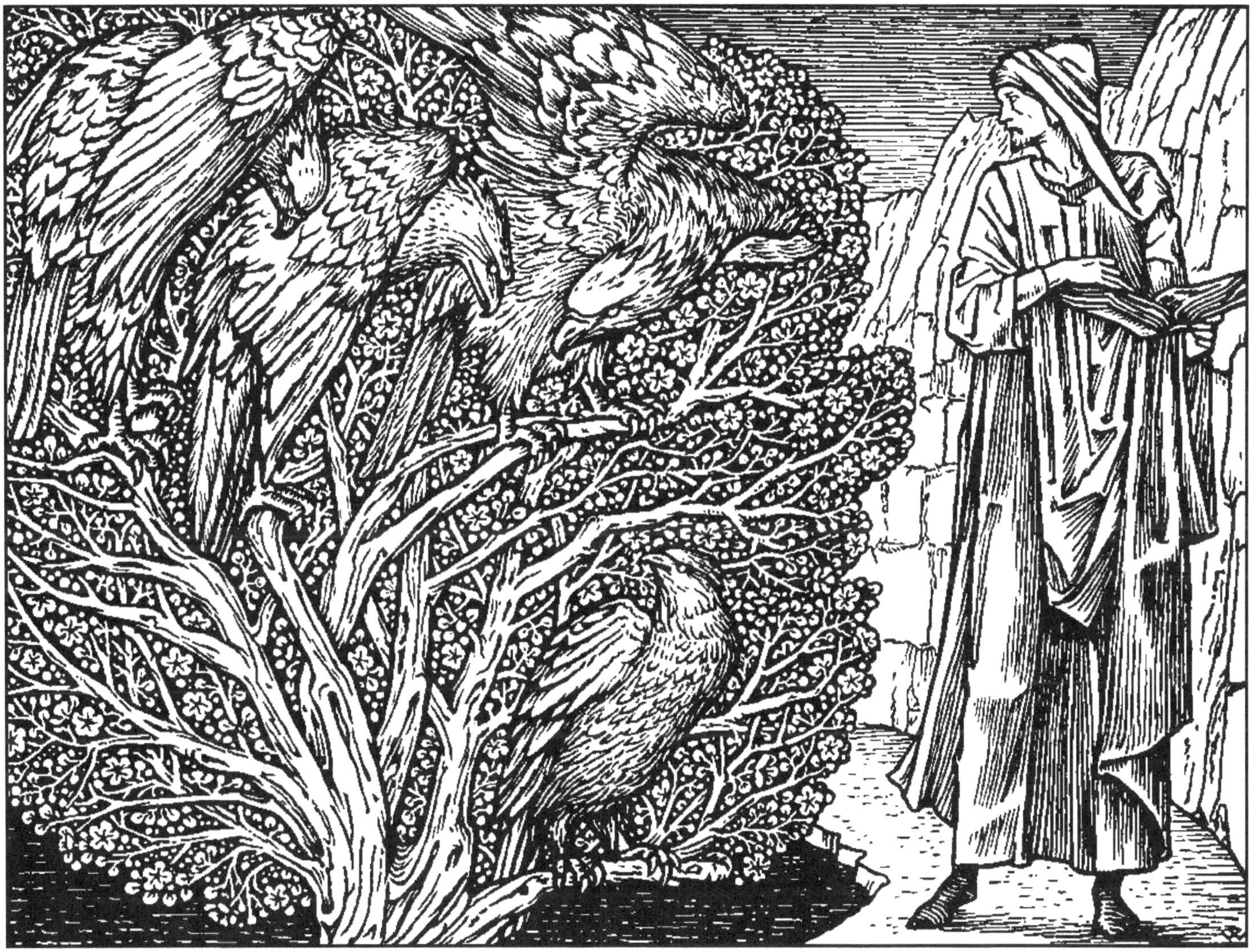

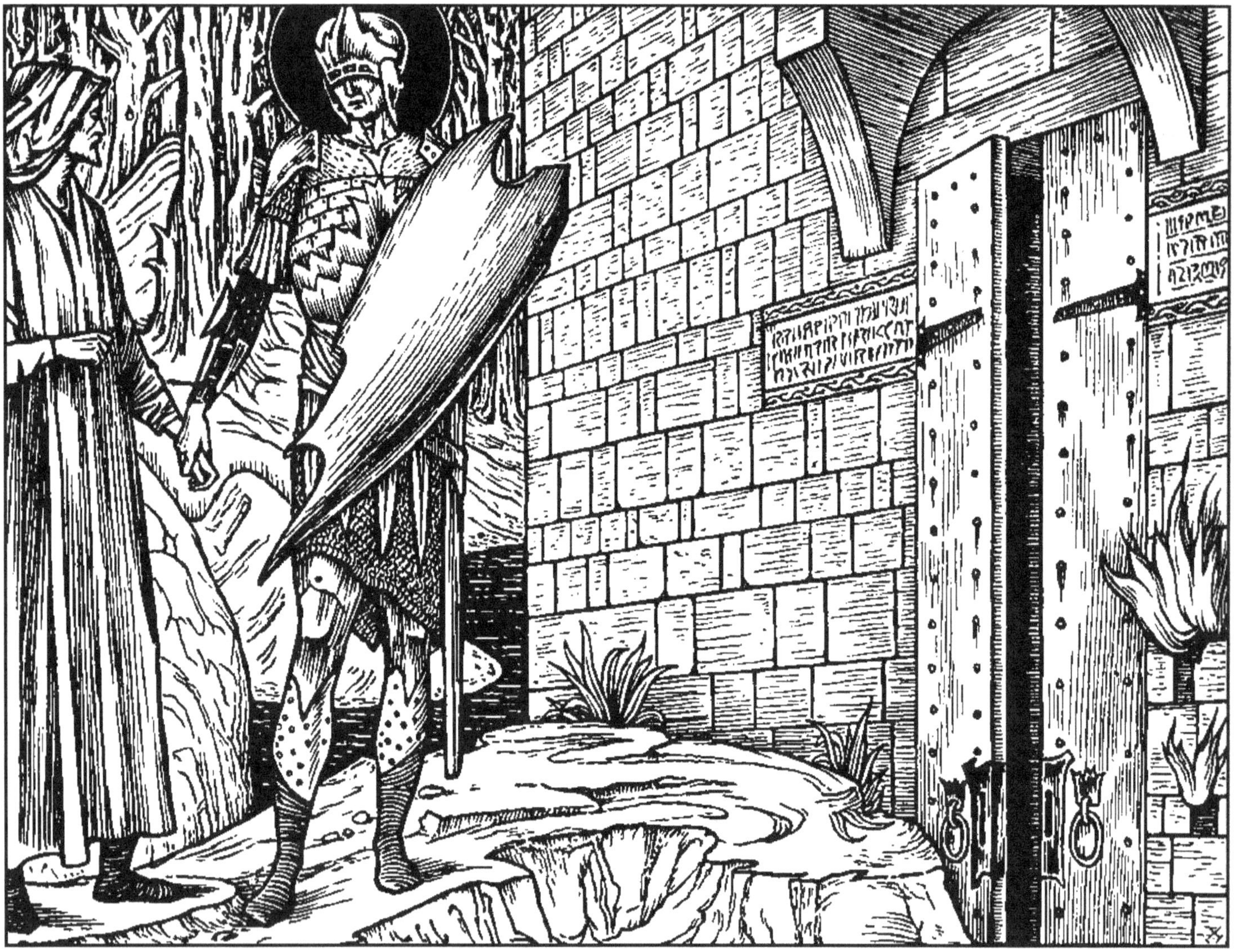

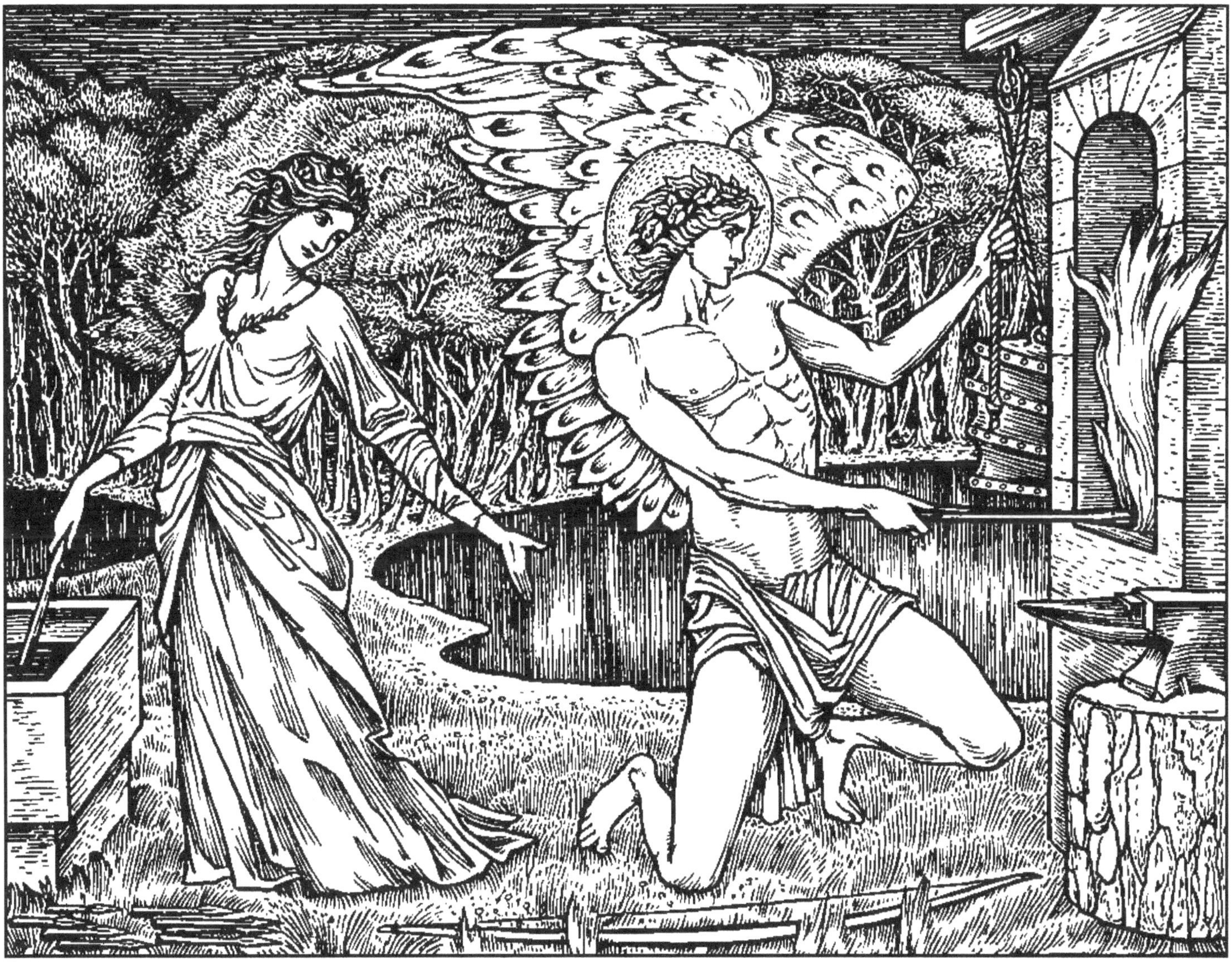

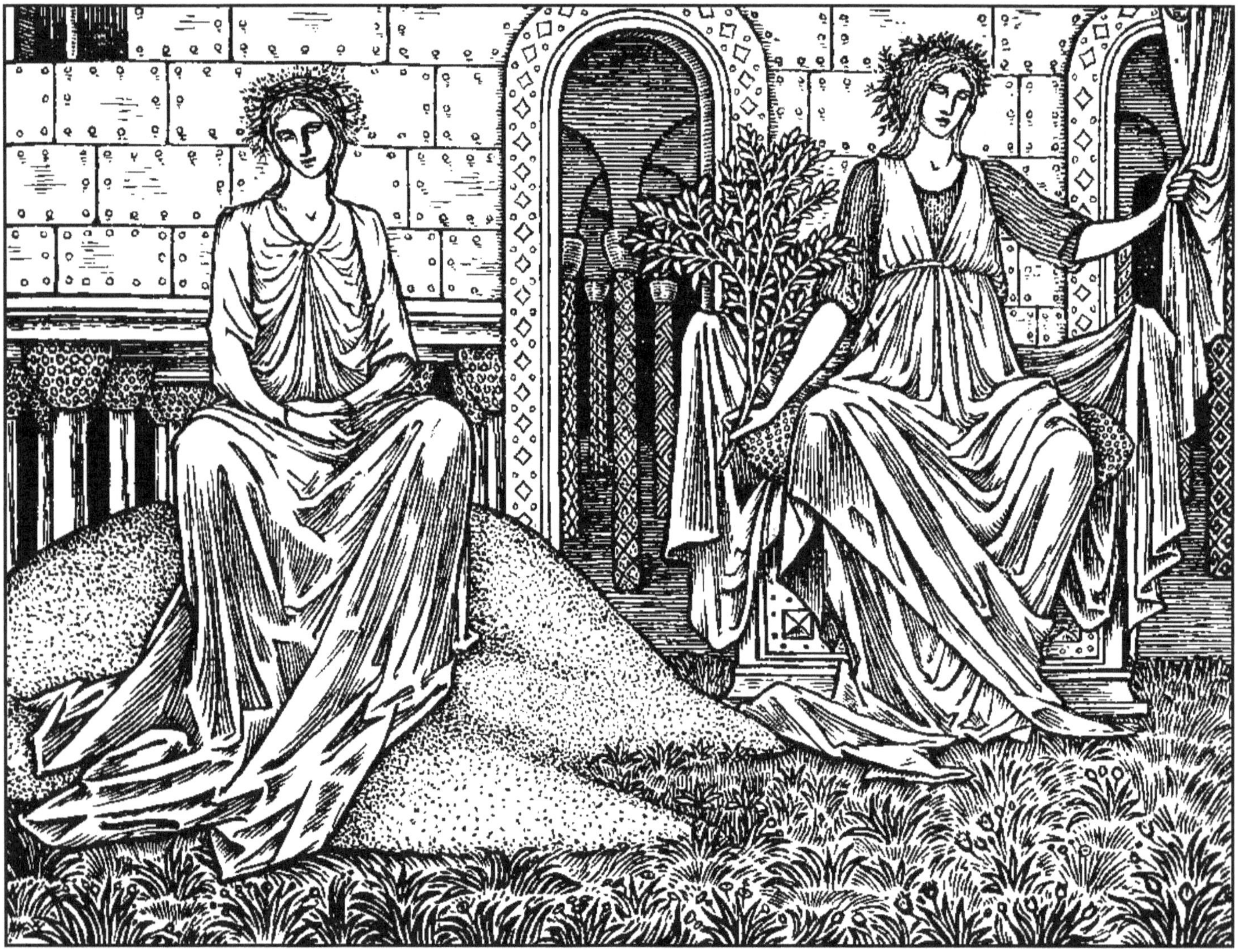

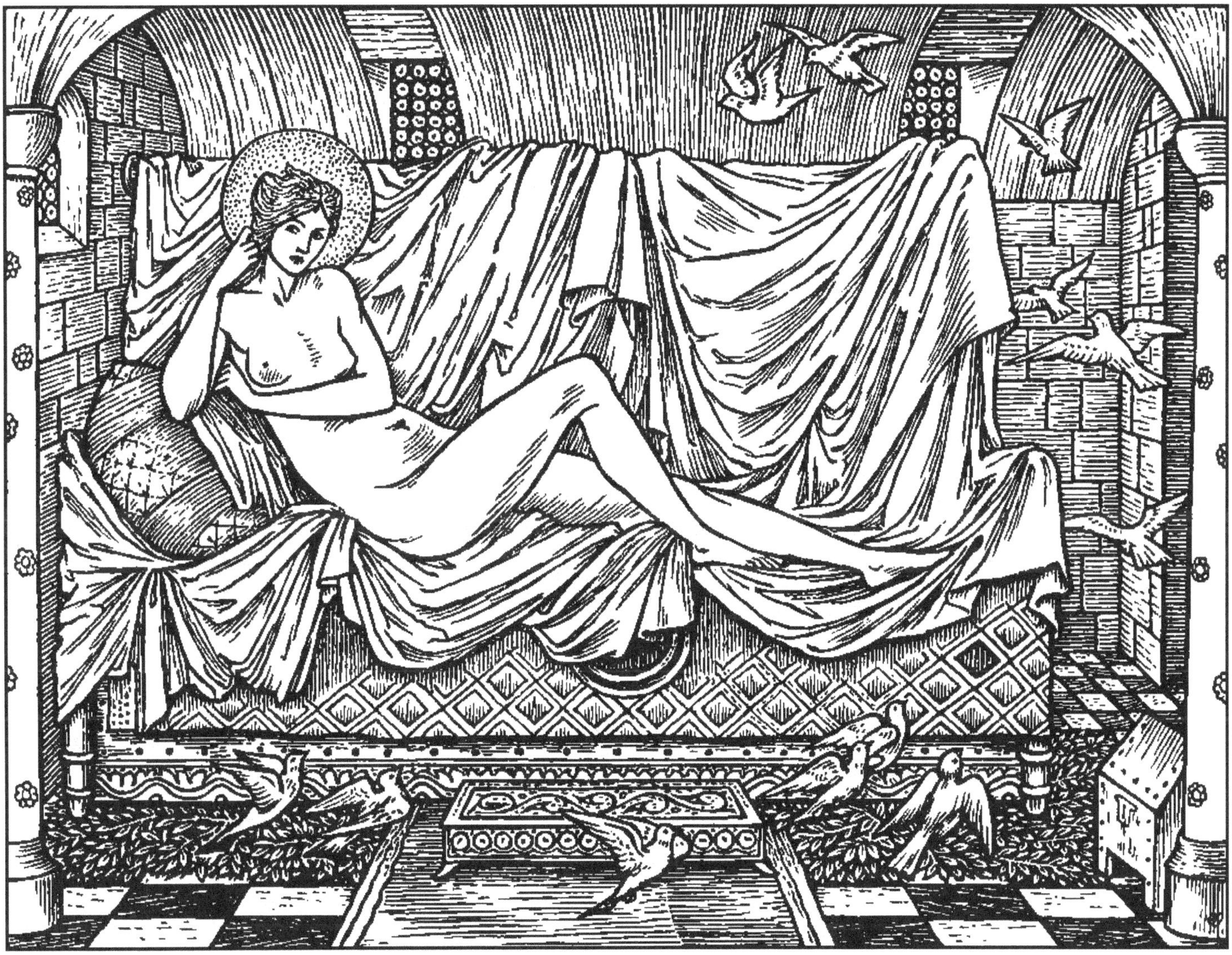

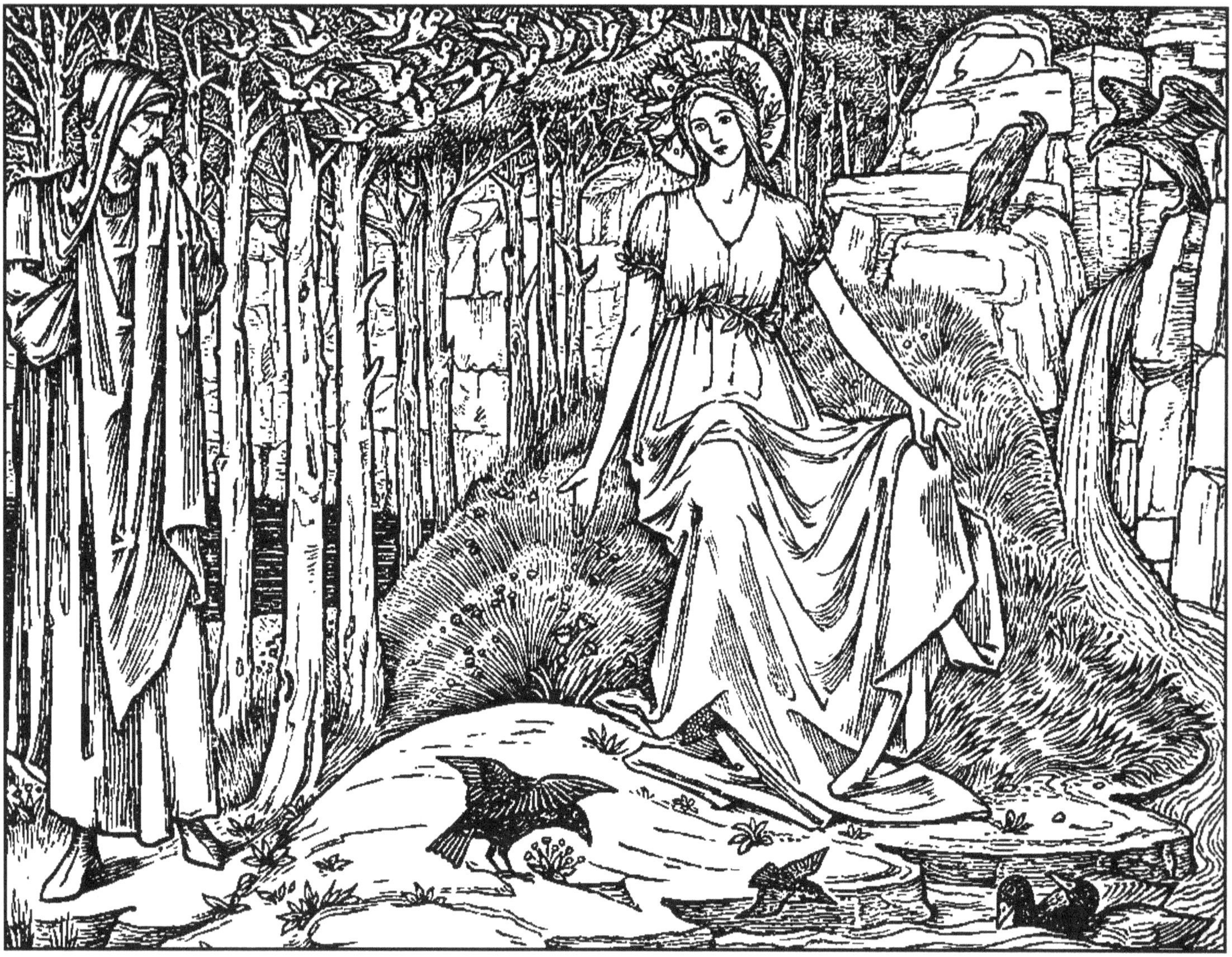

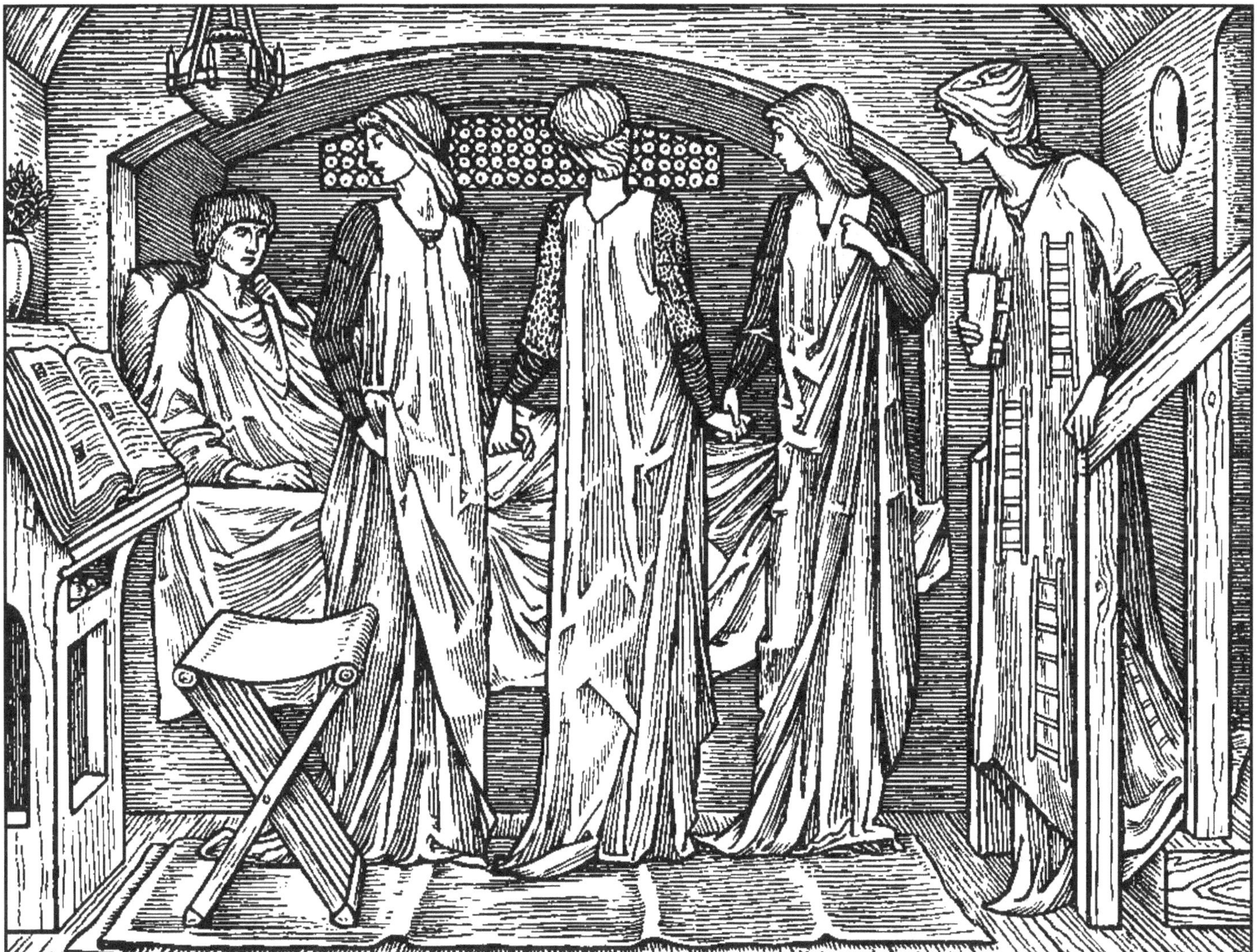

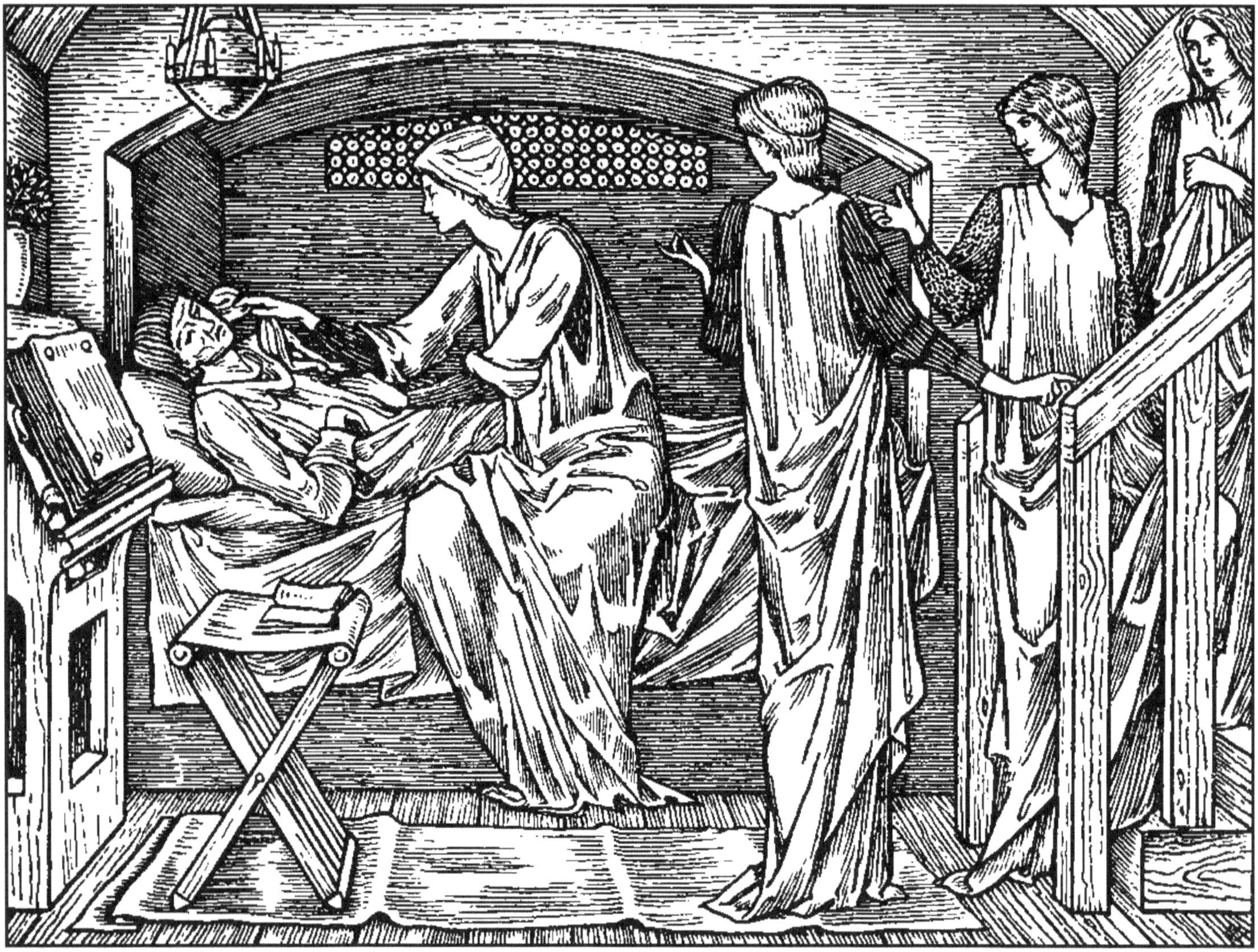

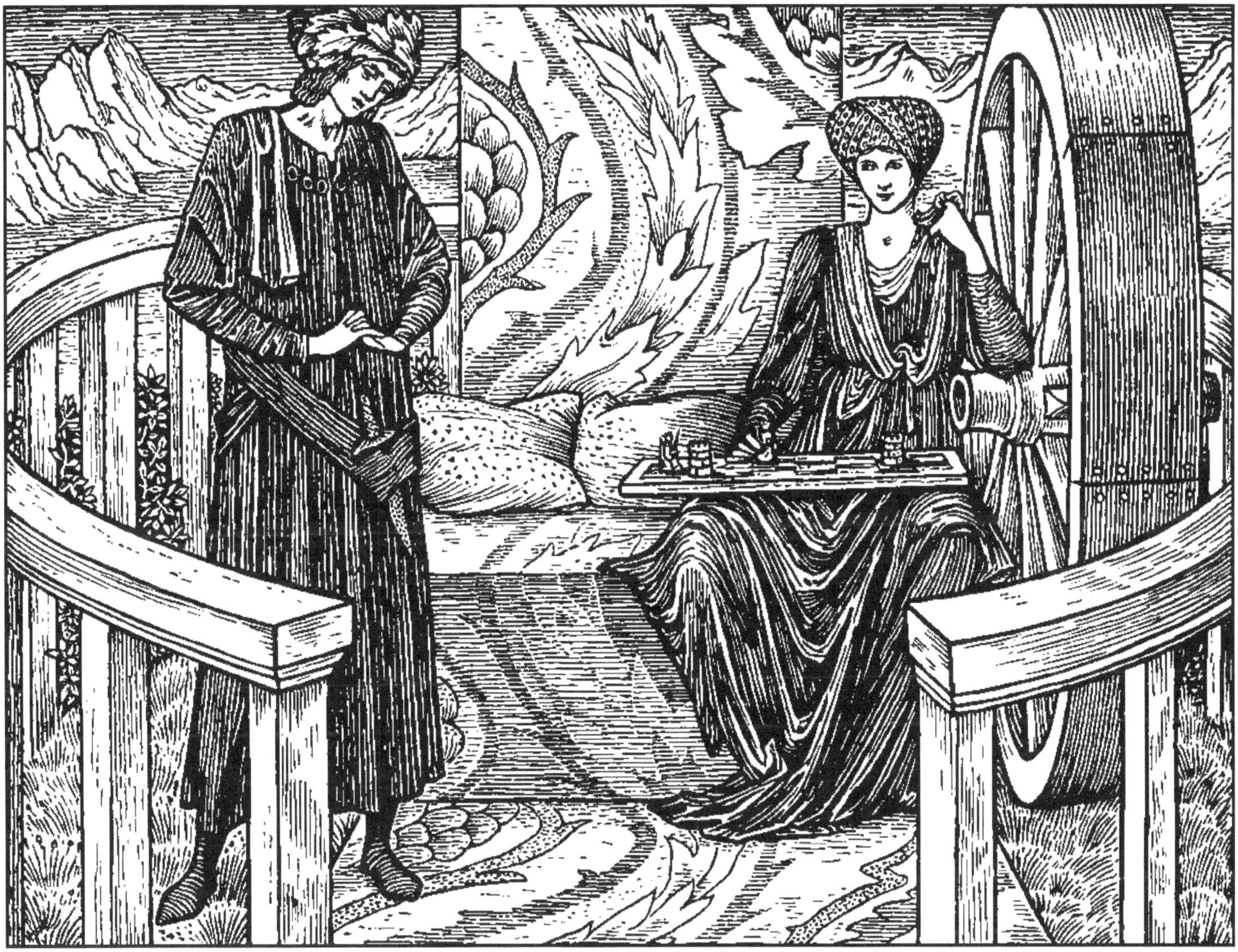

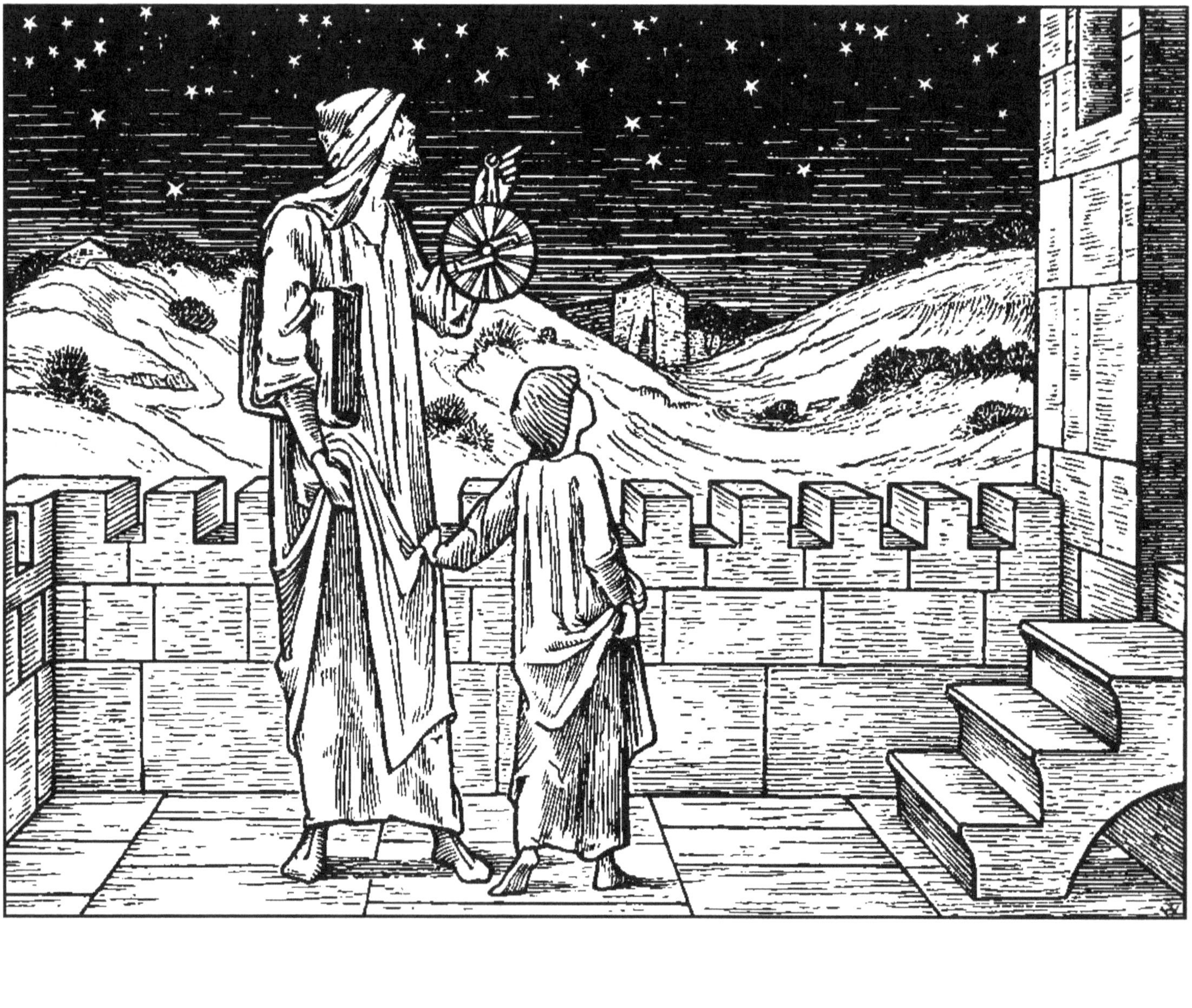

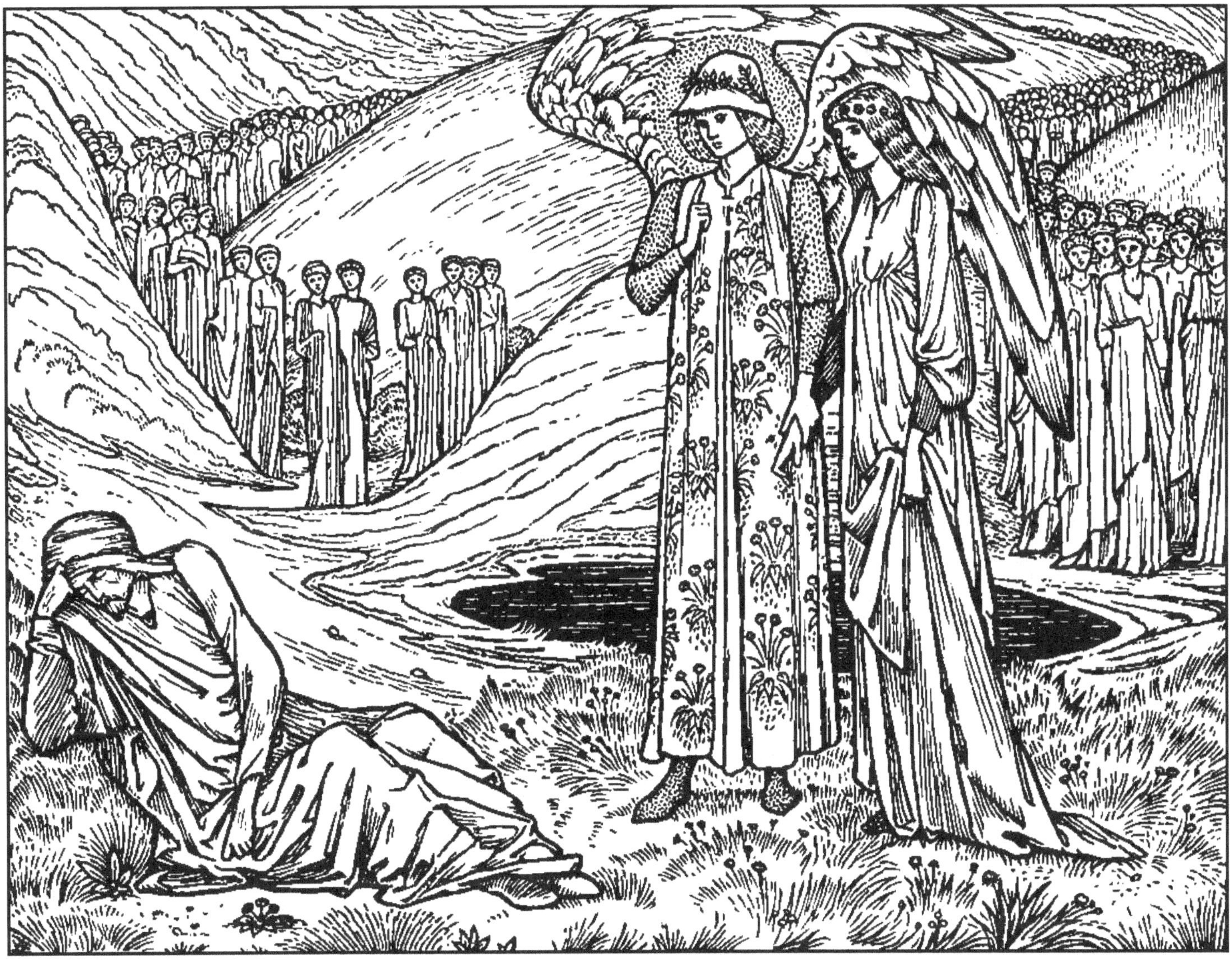

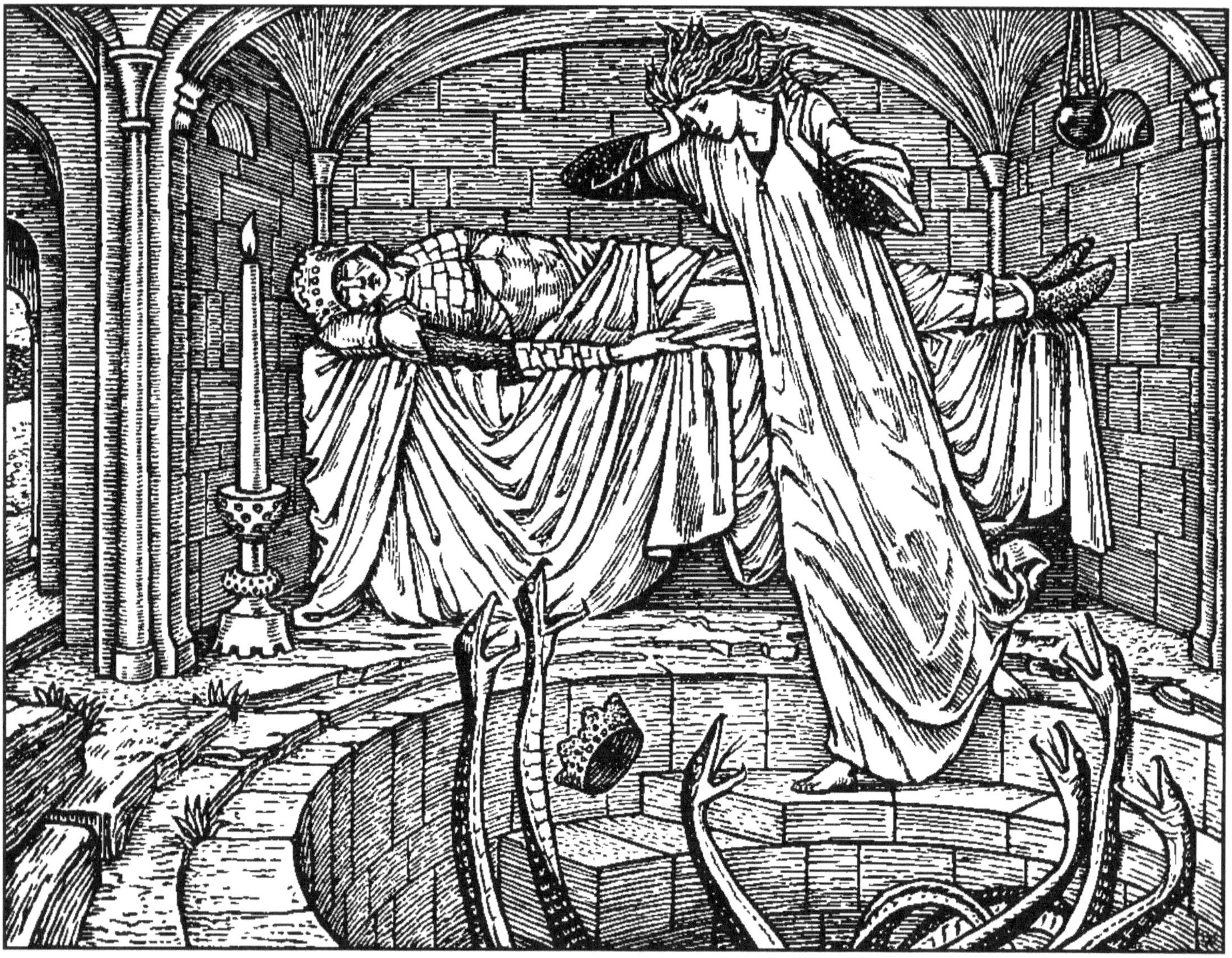

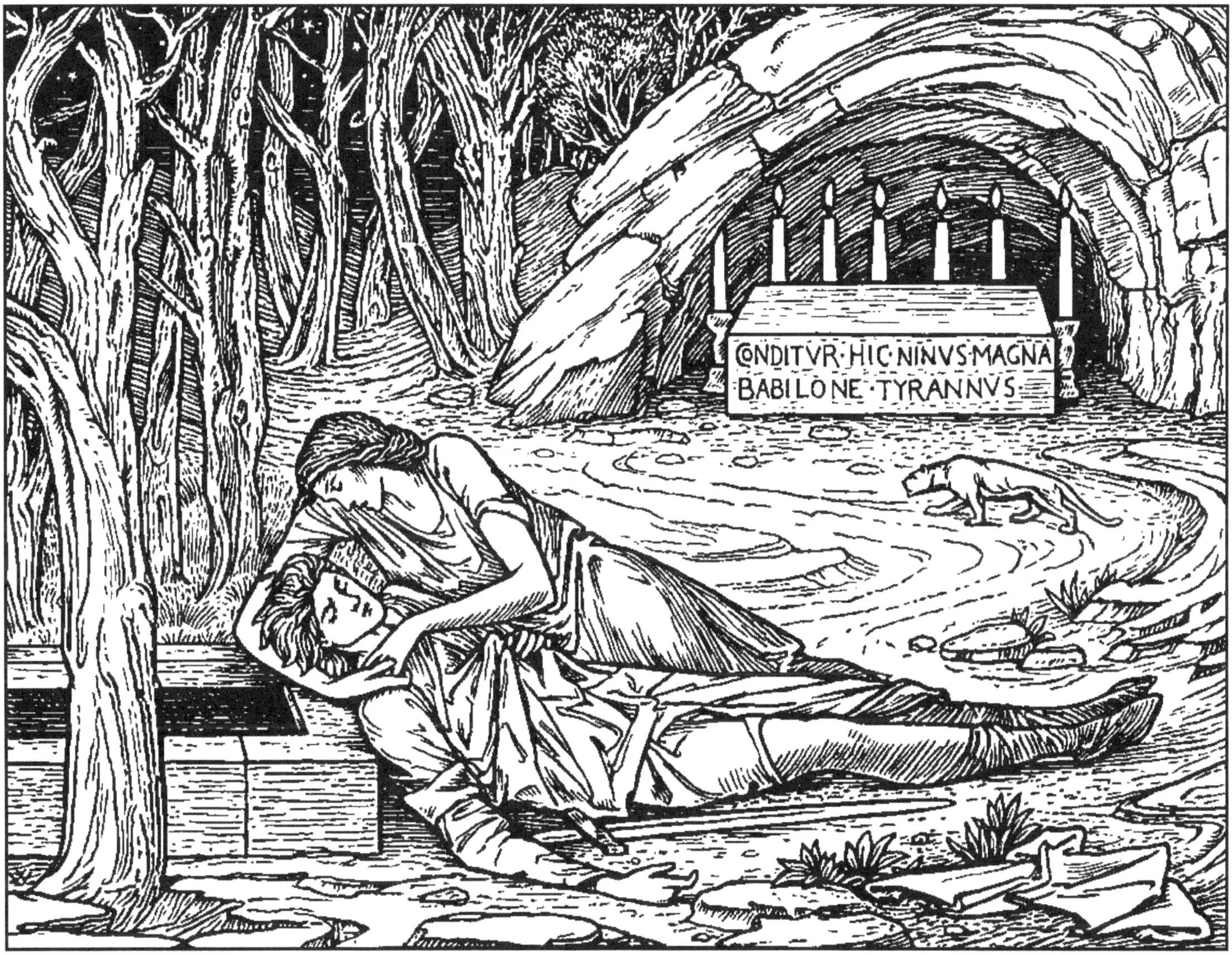
CONDITVR·HIC·NINVS·MAGNA
BABILONE·TYRANNVS

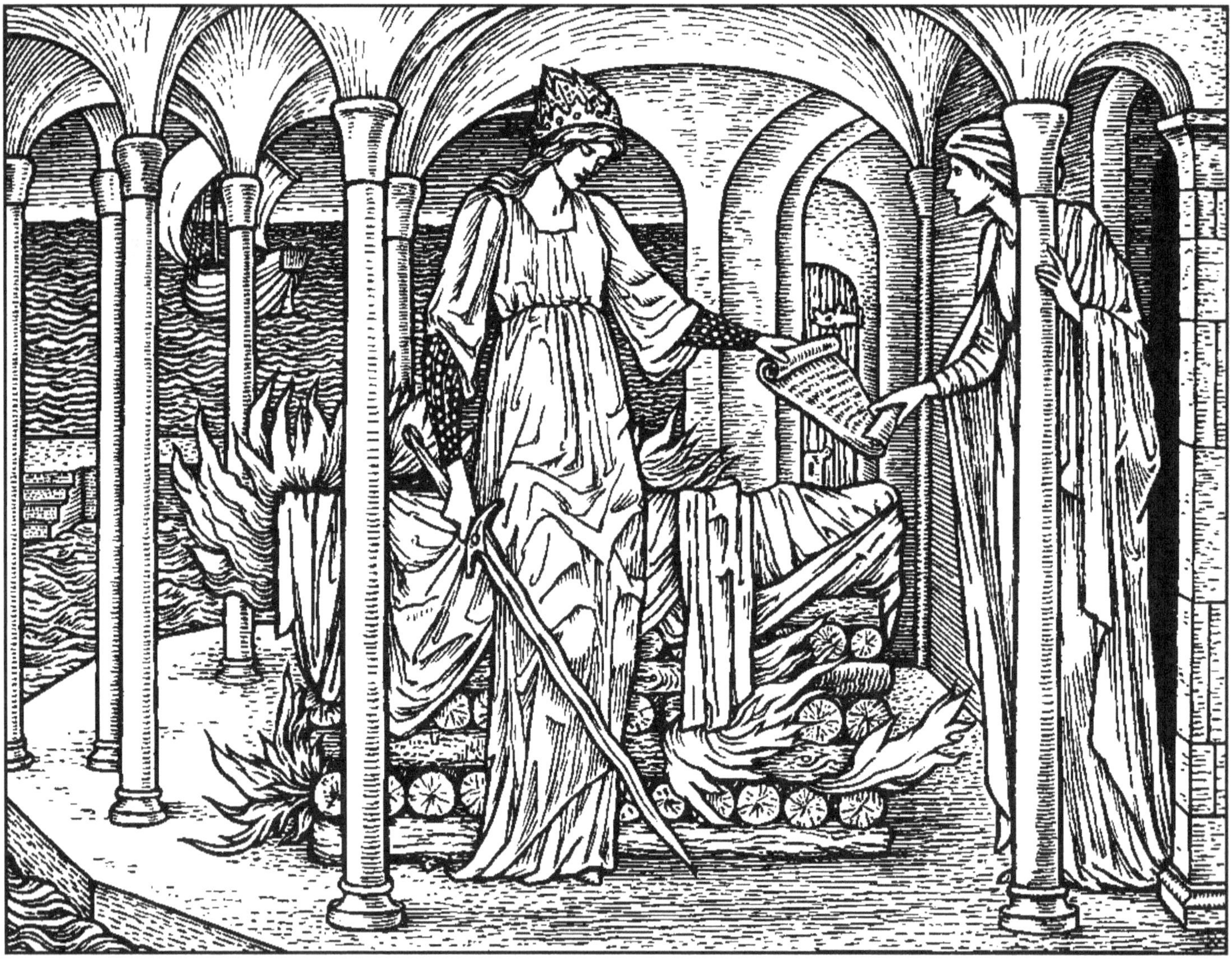

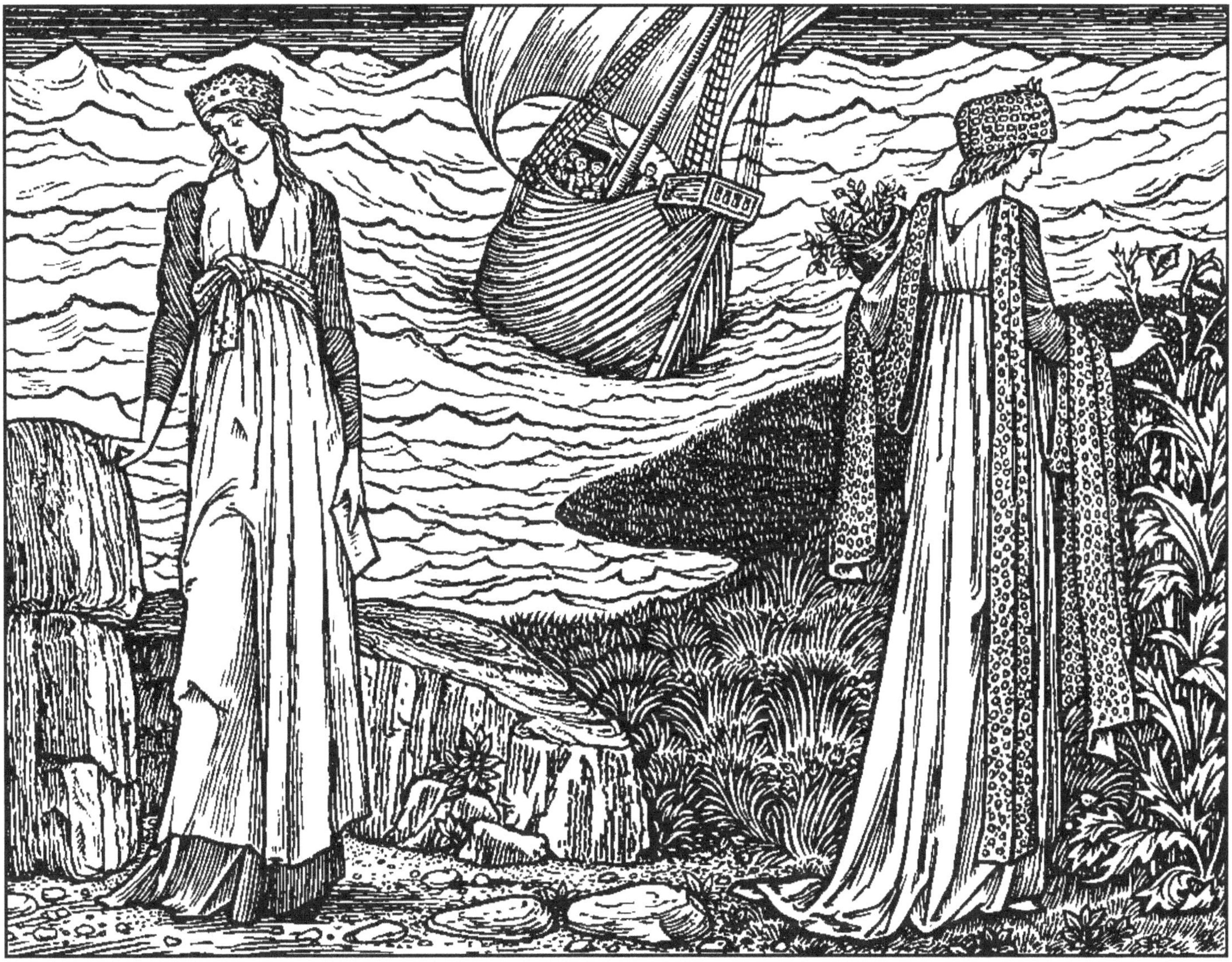

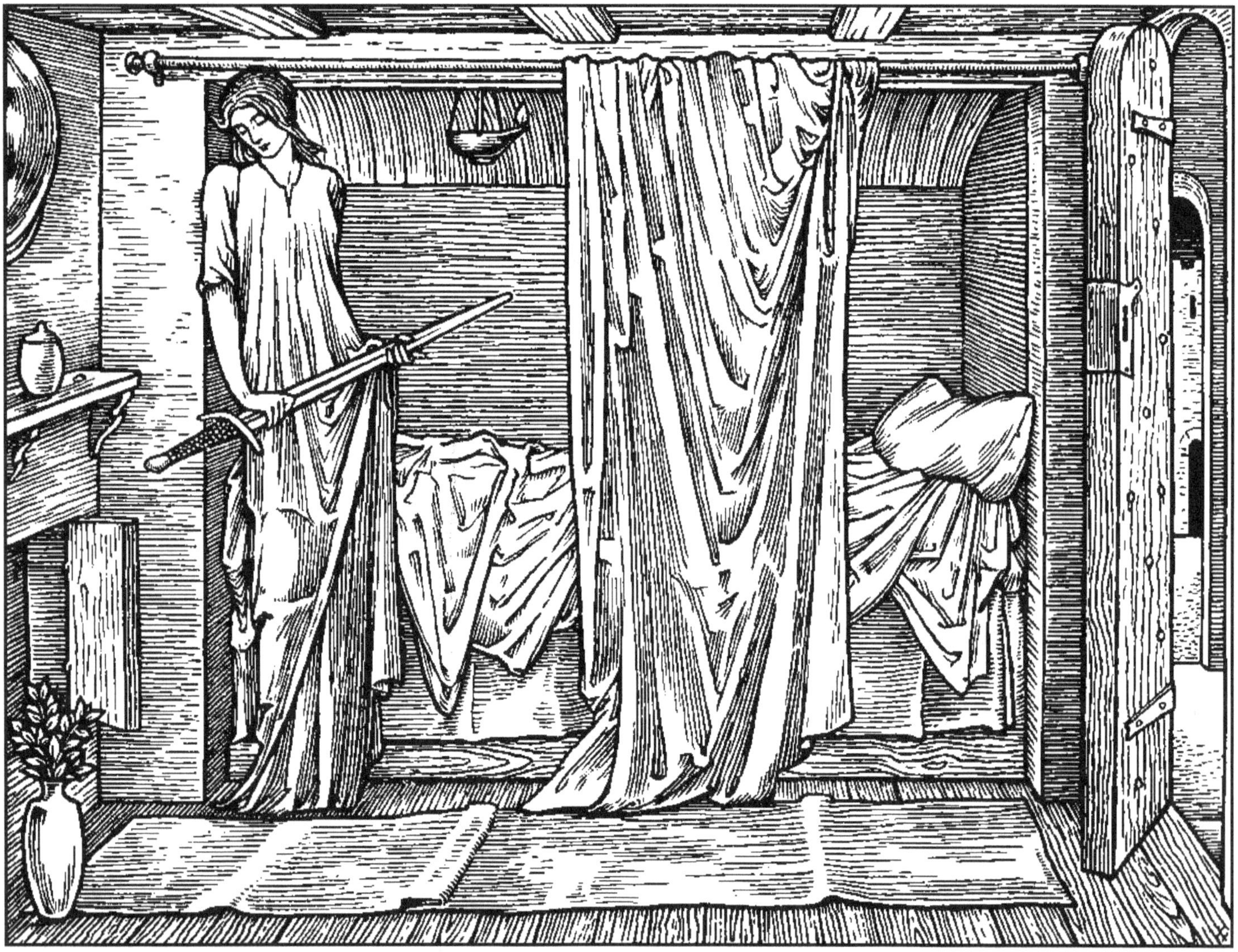

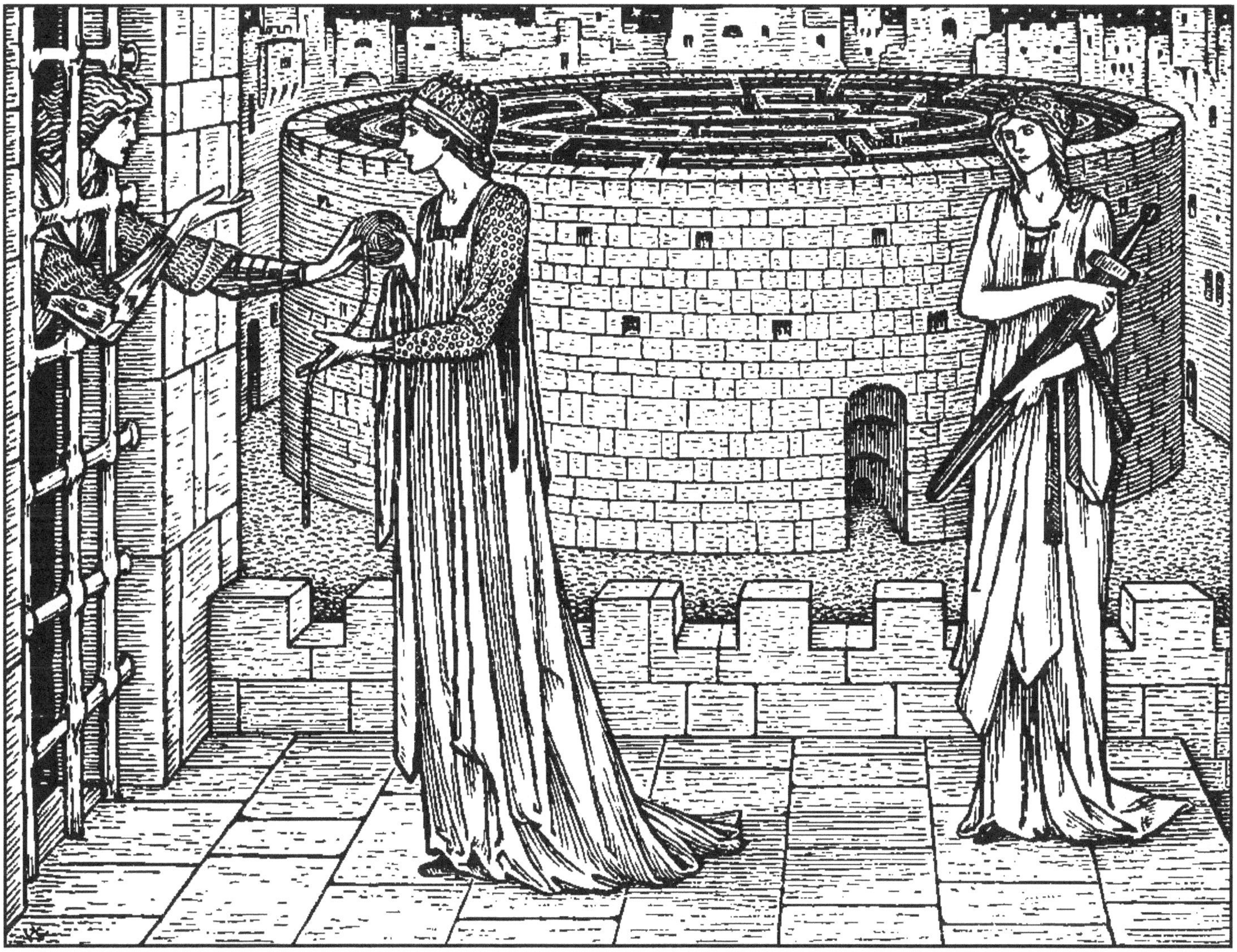

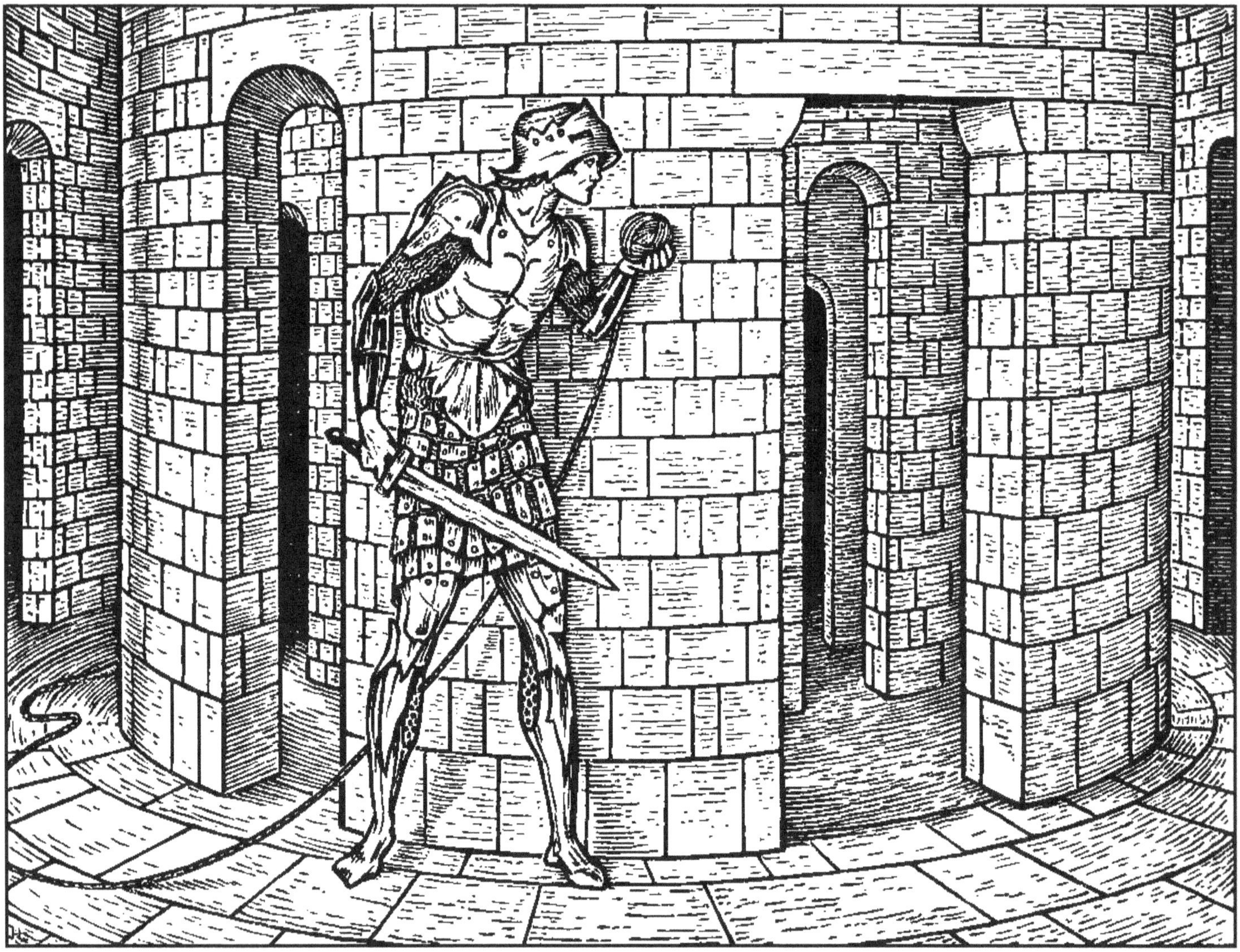

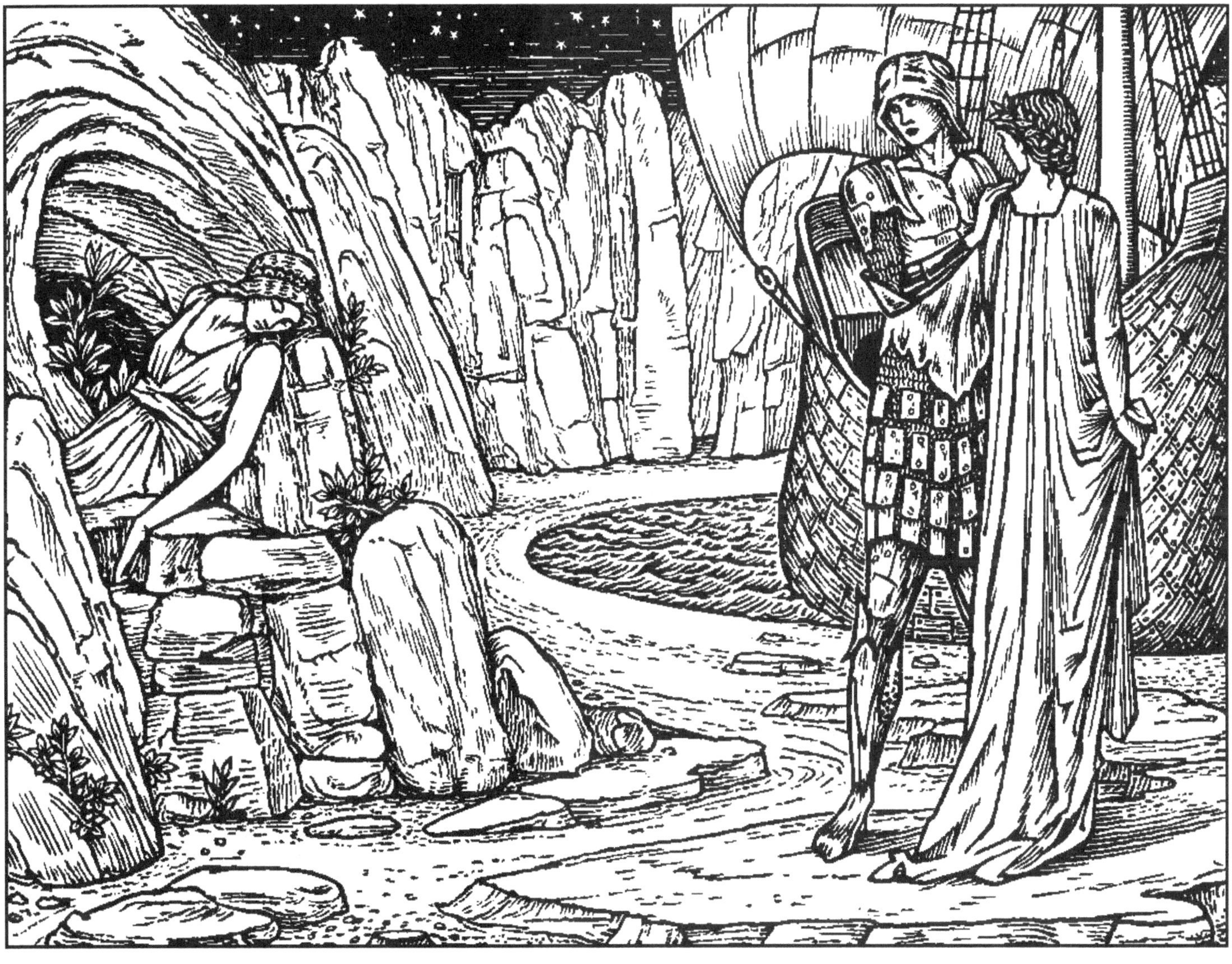

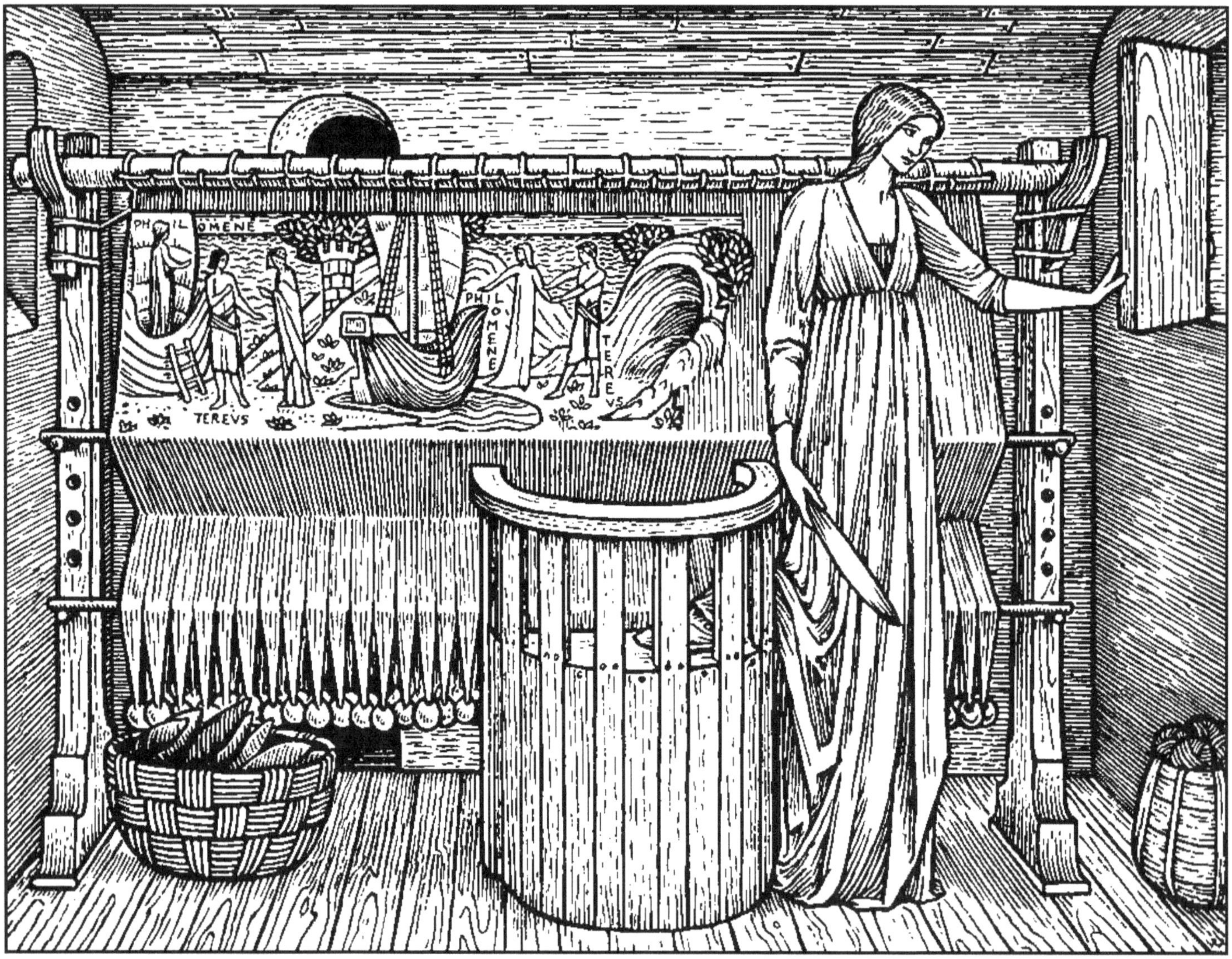
PHILOMENE
TEREVS
PHILOMENE
TEREVS

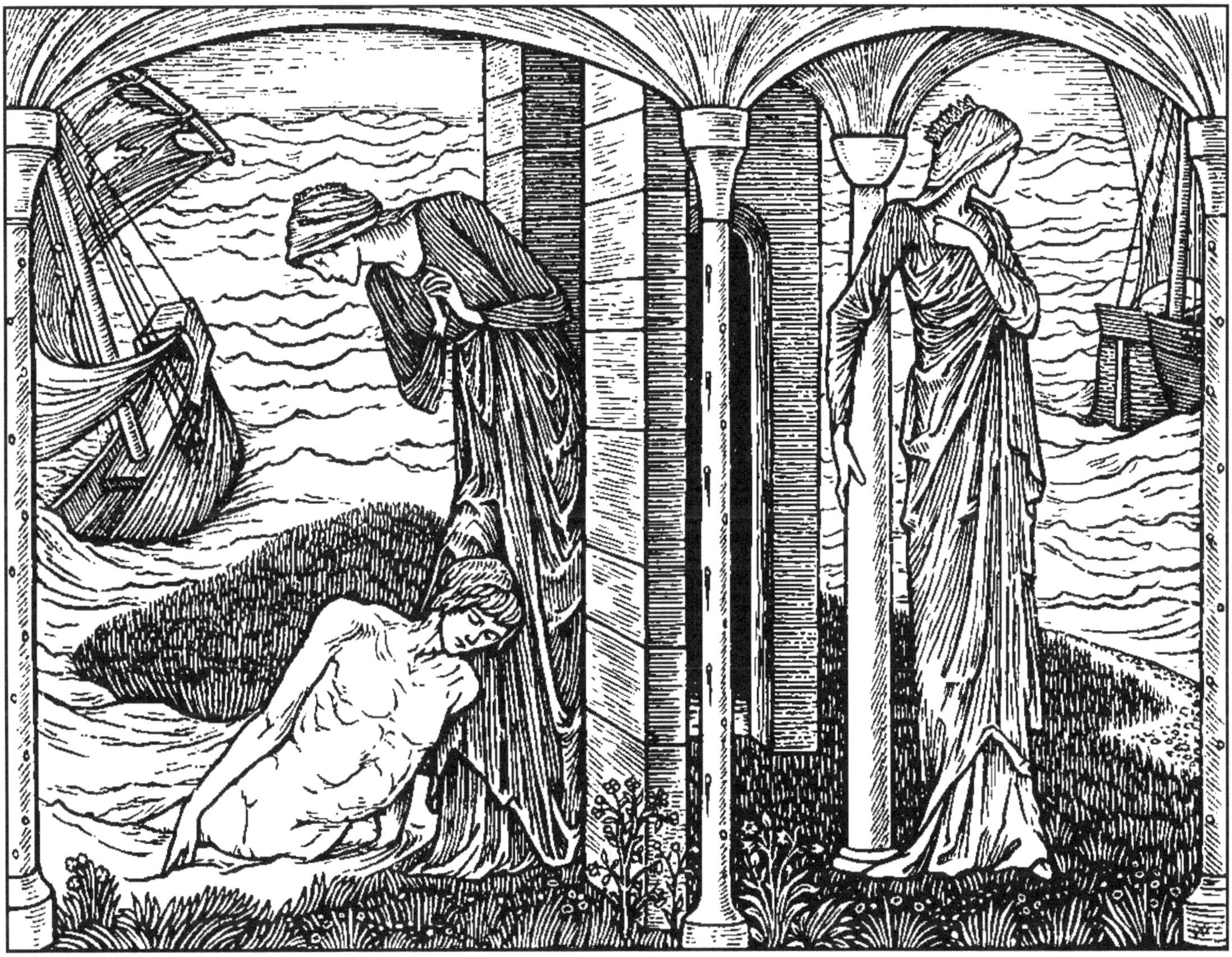

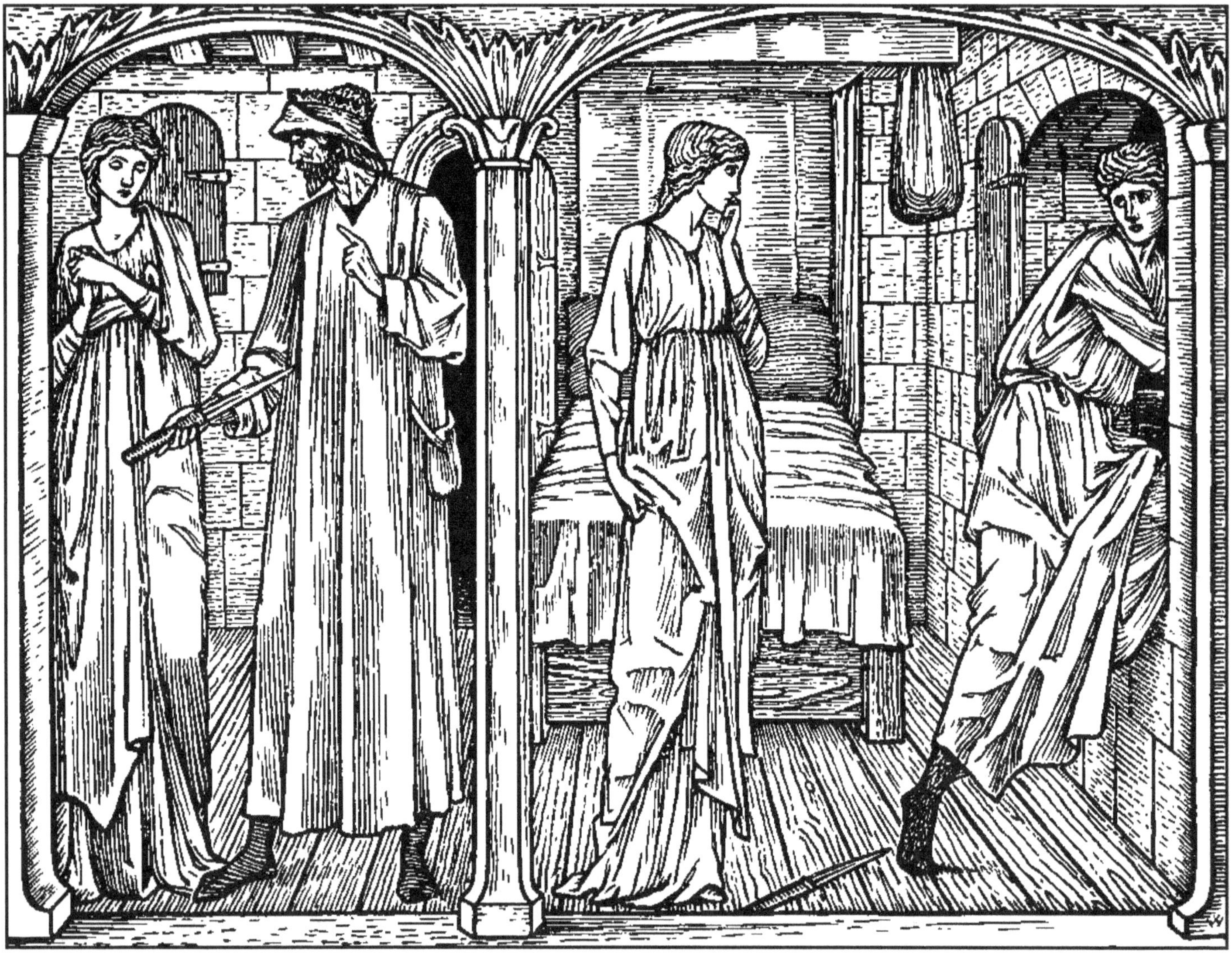

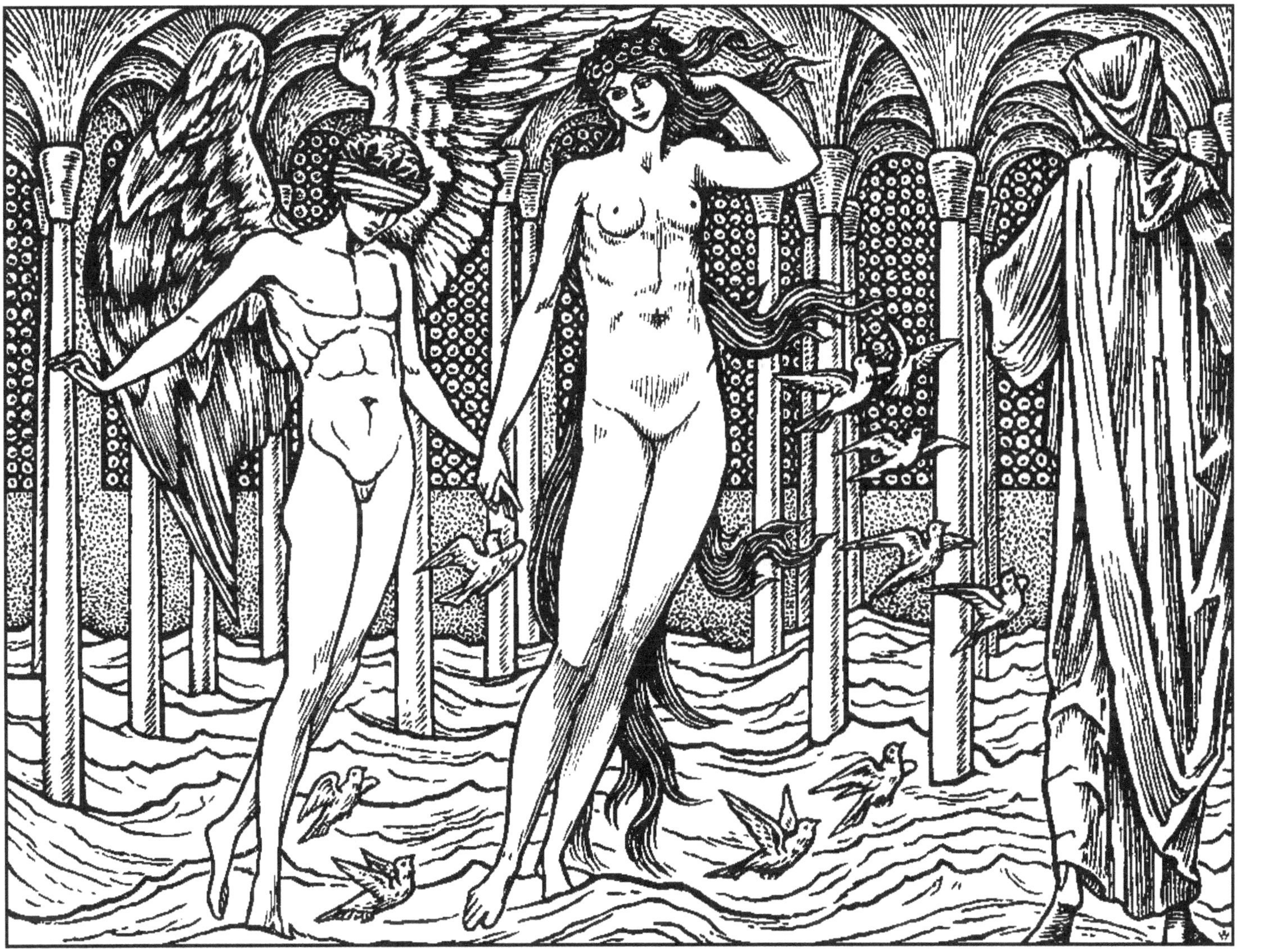

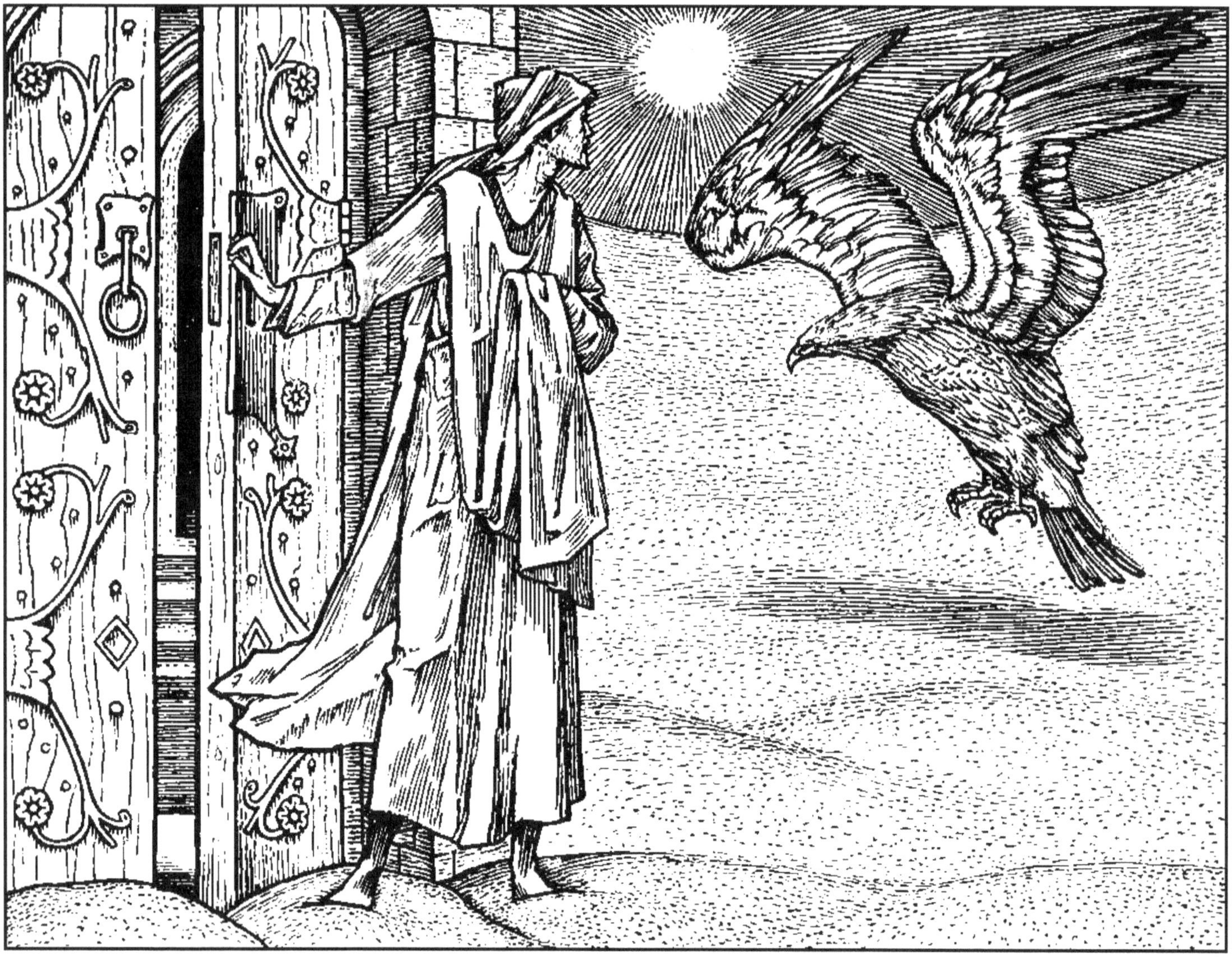

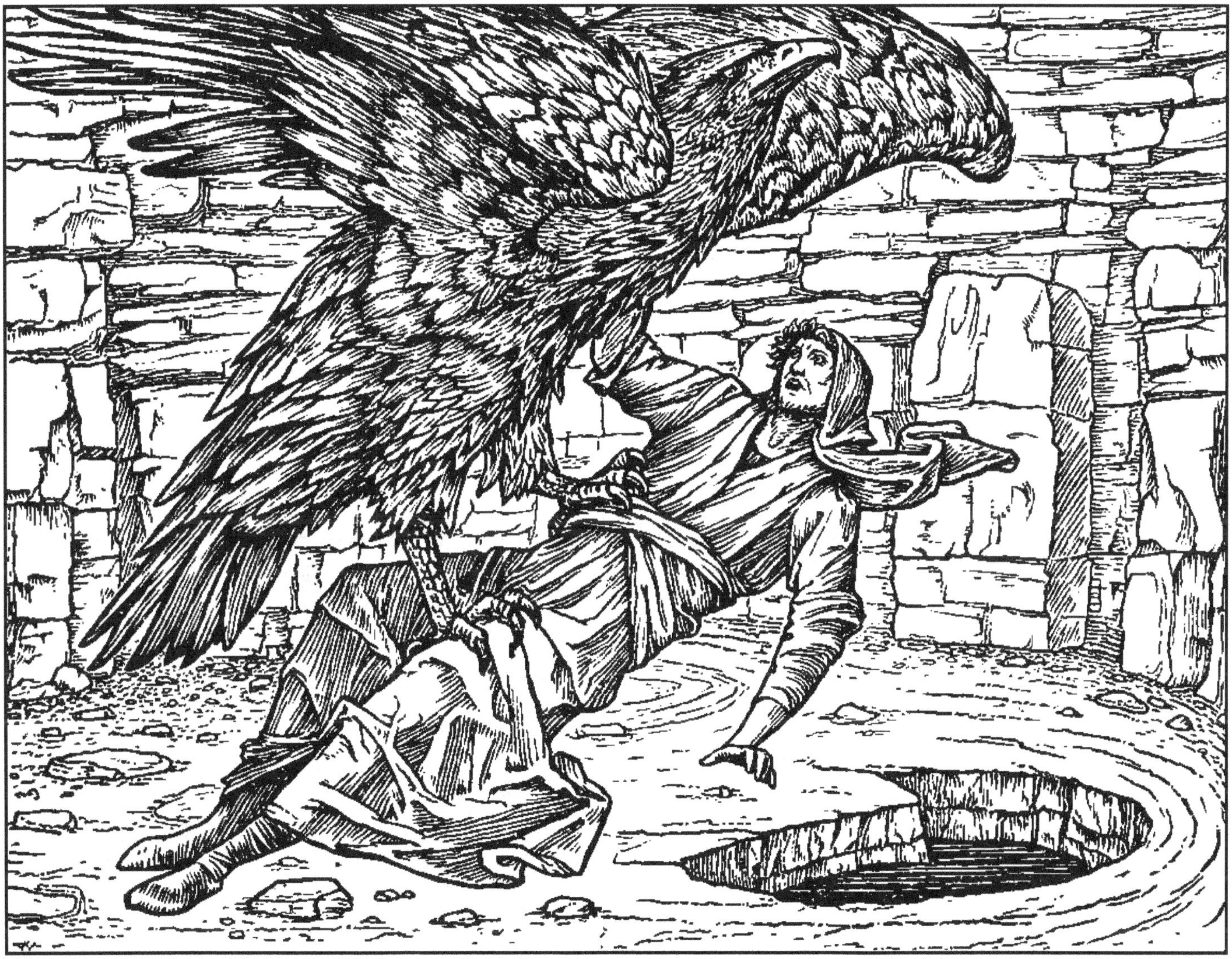

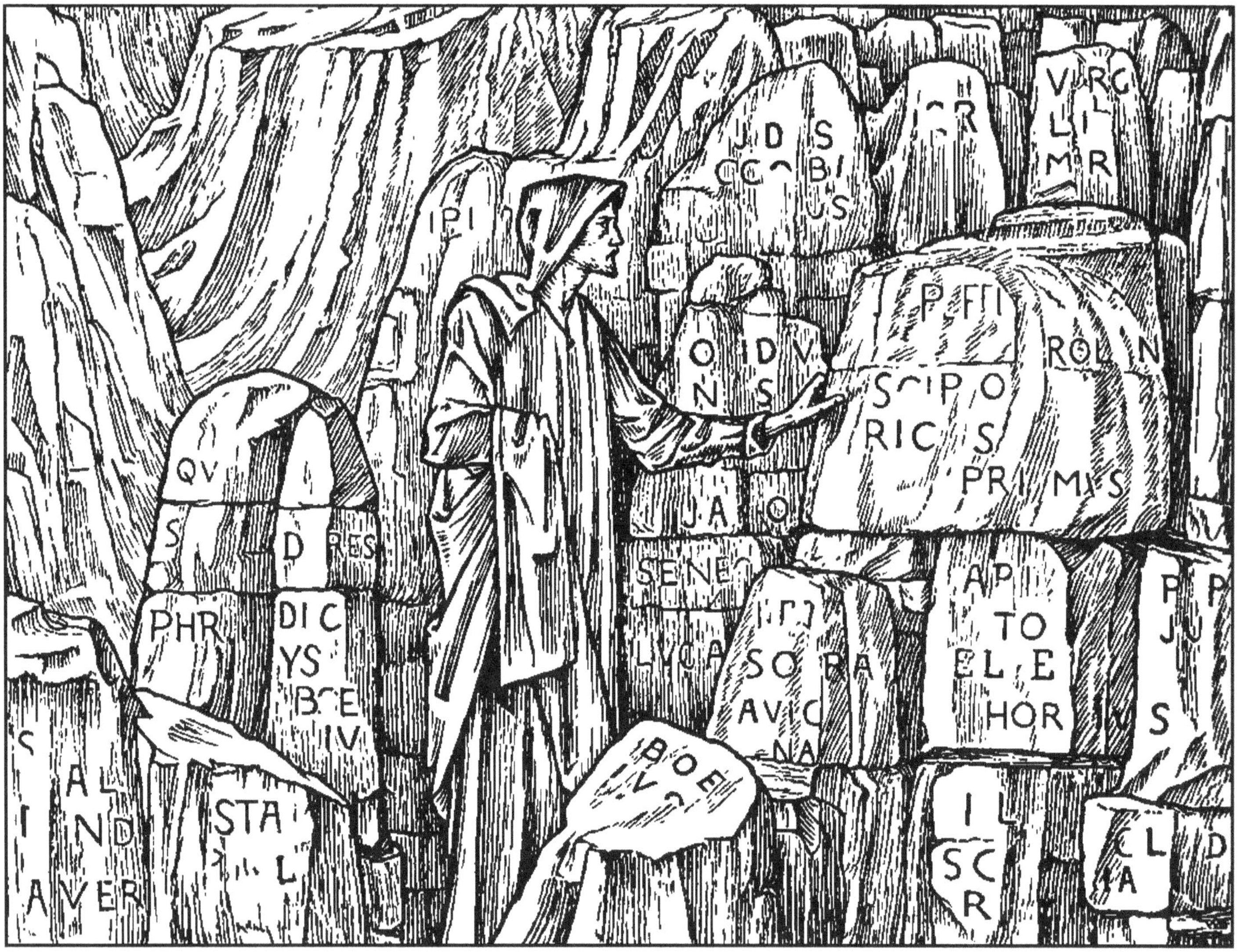

JDS
BI
US
QV
D
PHR
DIC
YS
IV
SENE
SO
AVIC
NA
BOE
STA
AL
IND
AVER
P FII
ROLN
SCIPIO
RICS
PRIMS
AP
TO
ELE
HOR
SCR
CL

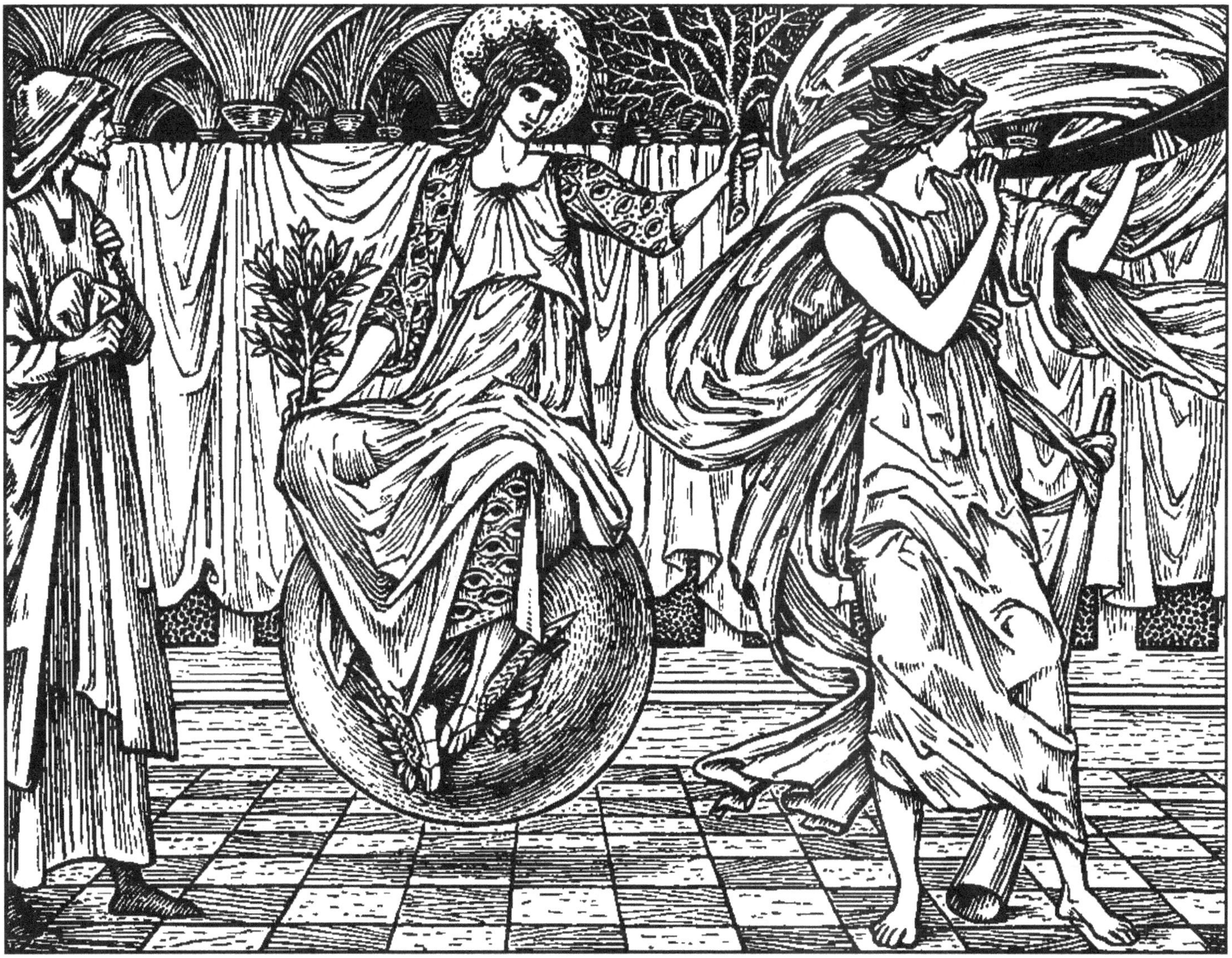

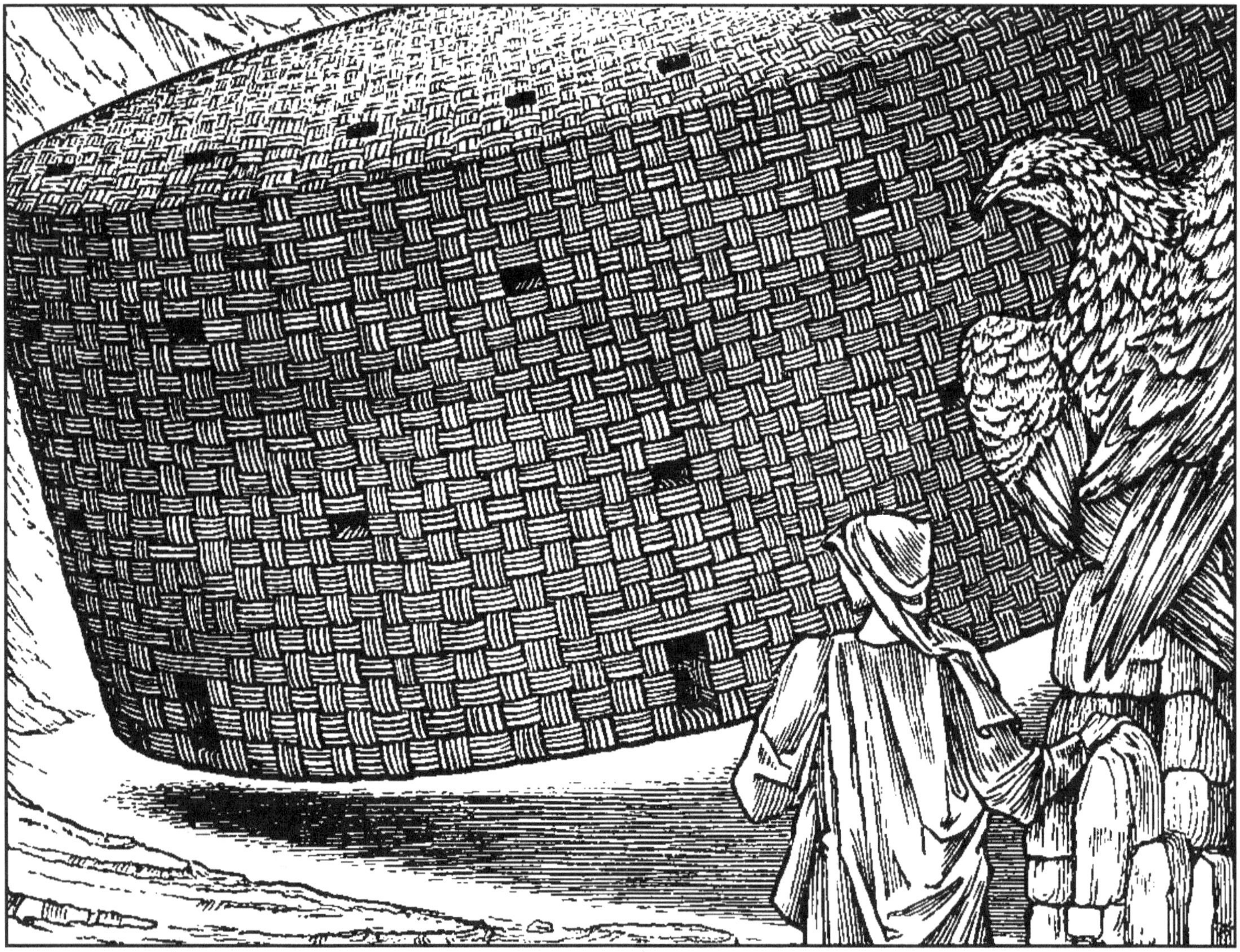

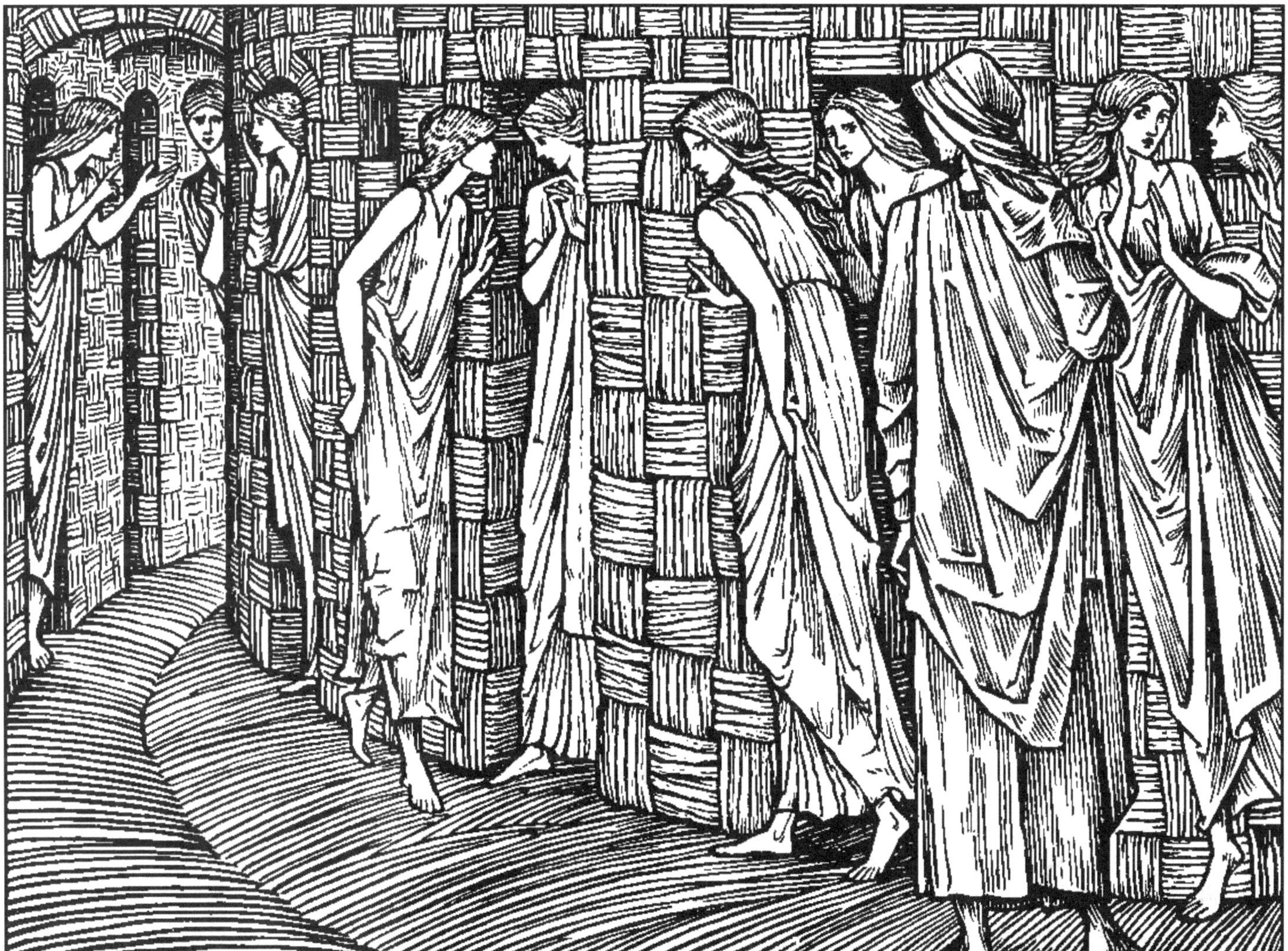

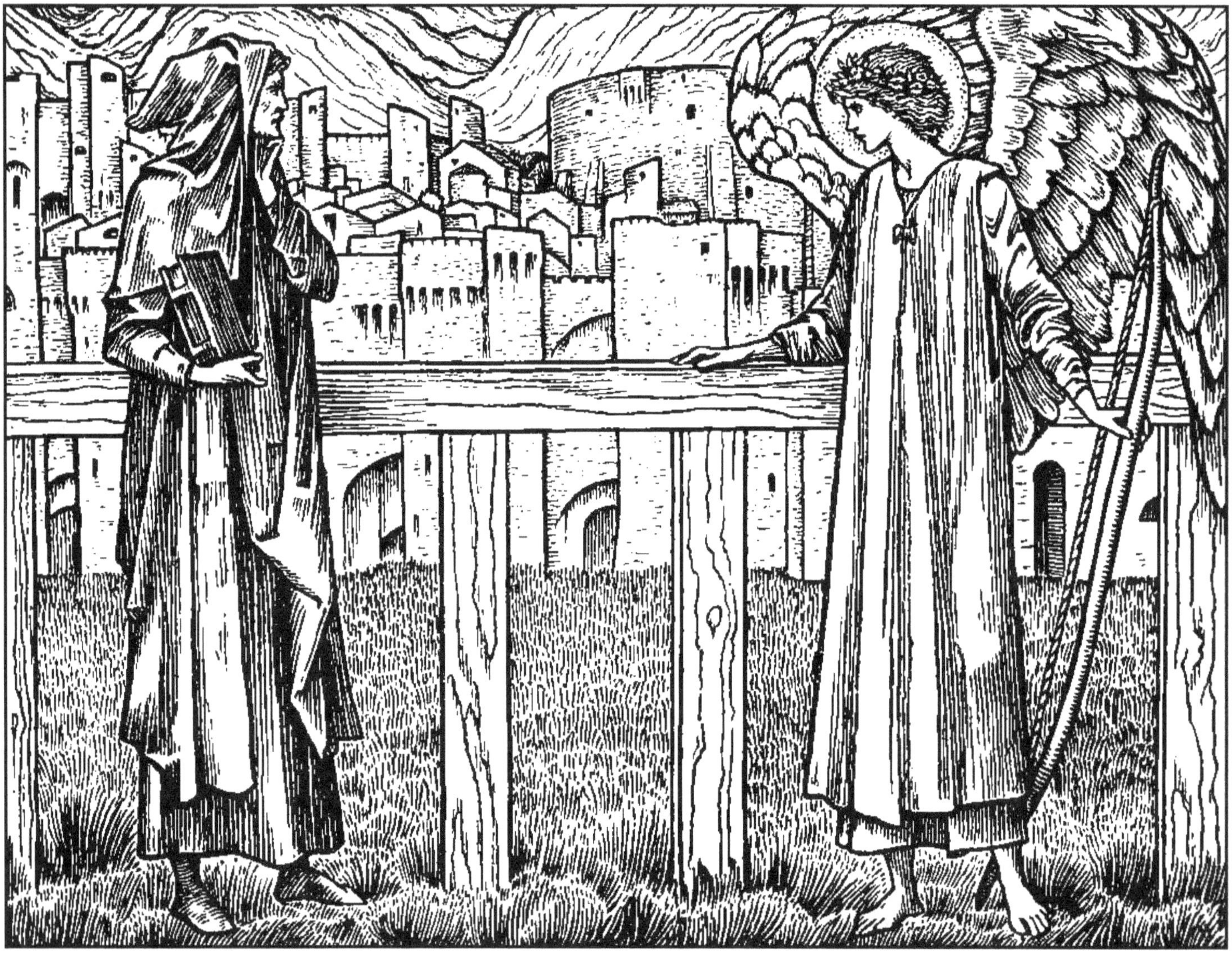

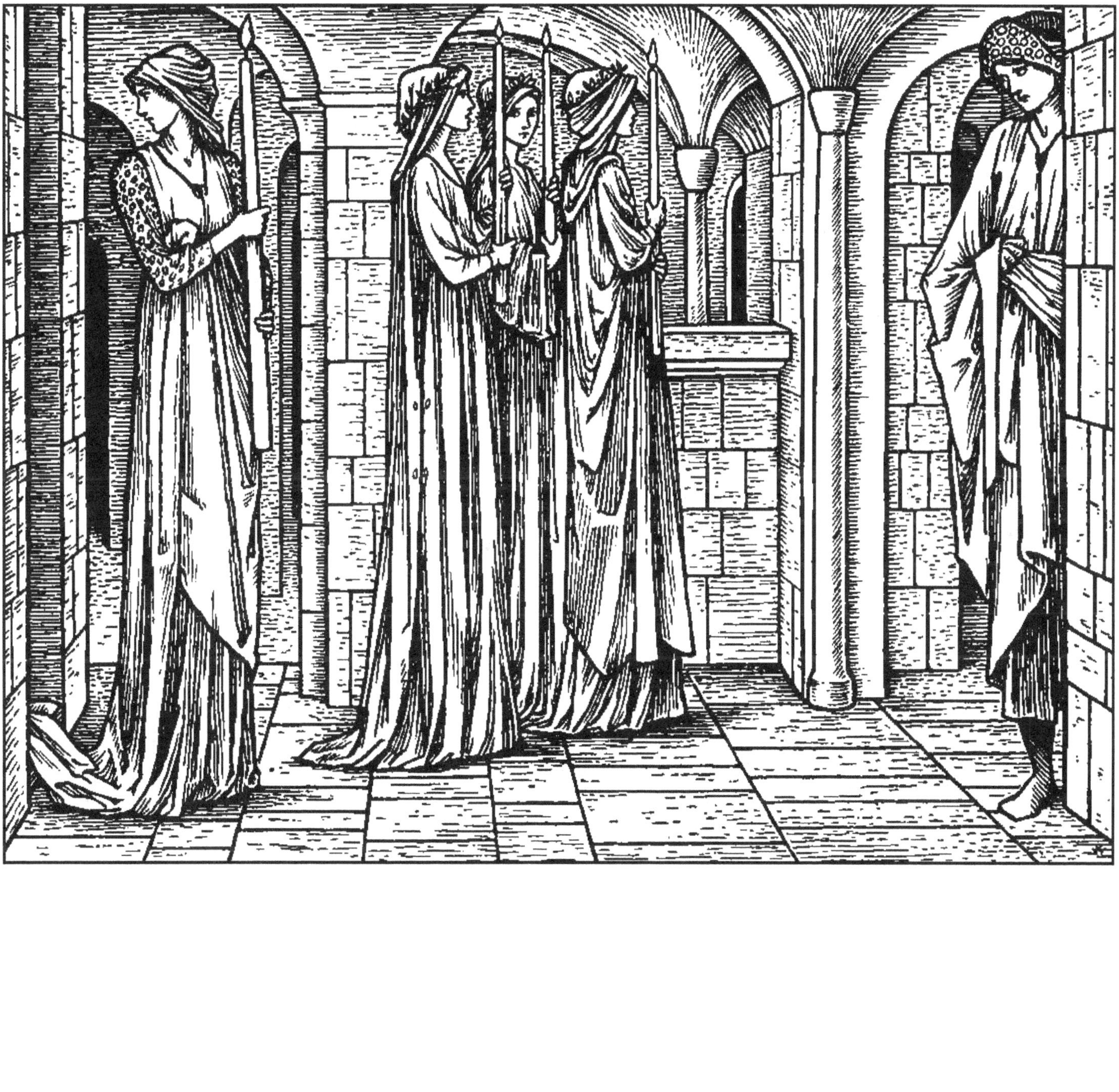

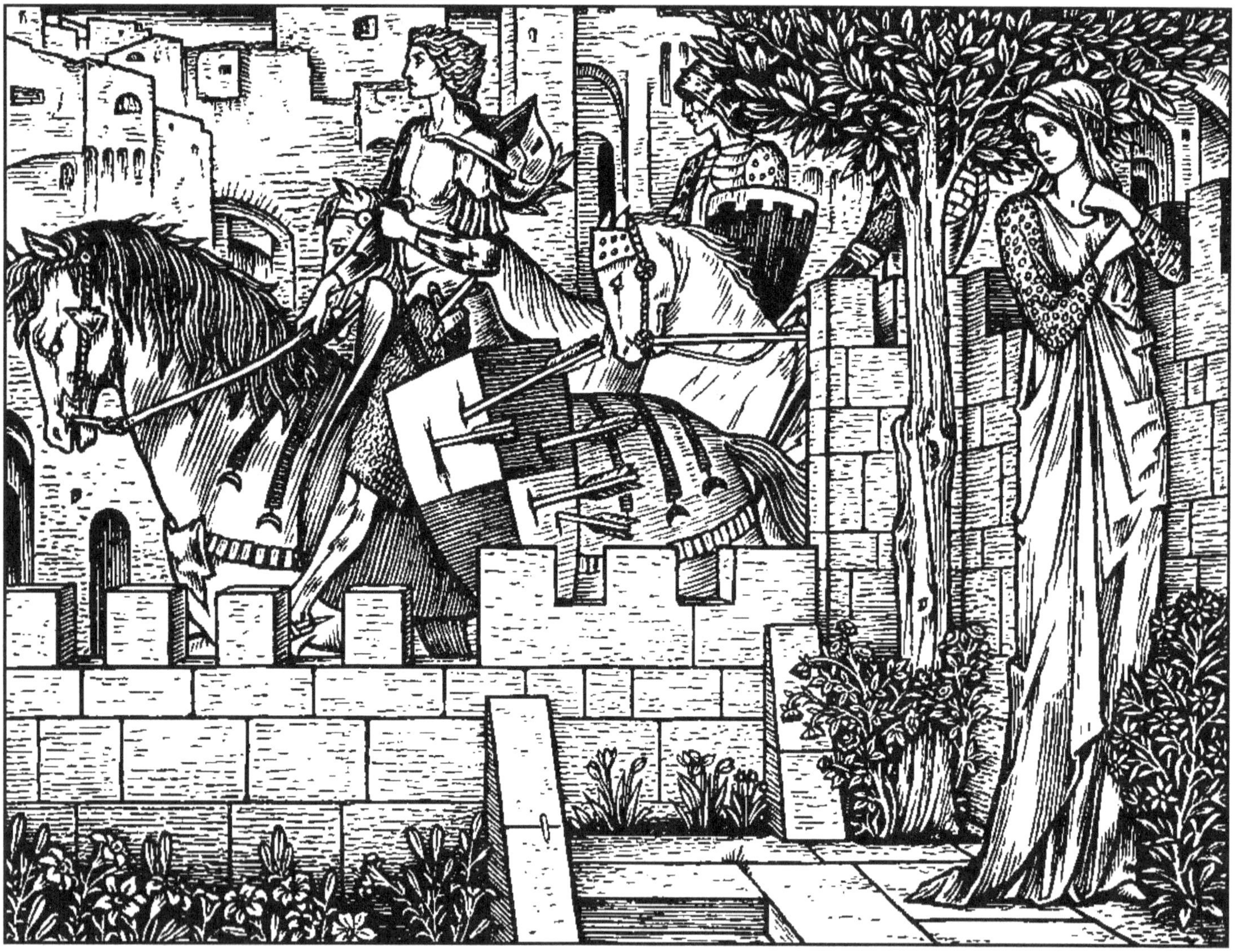

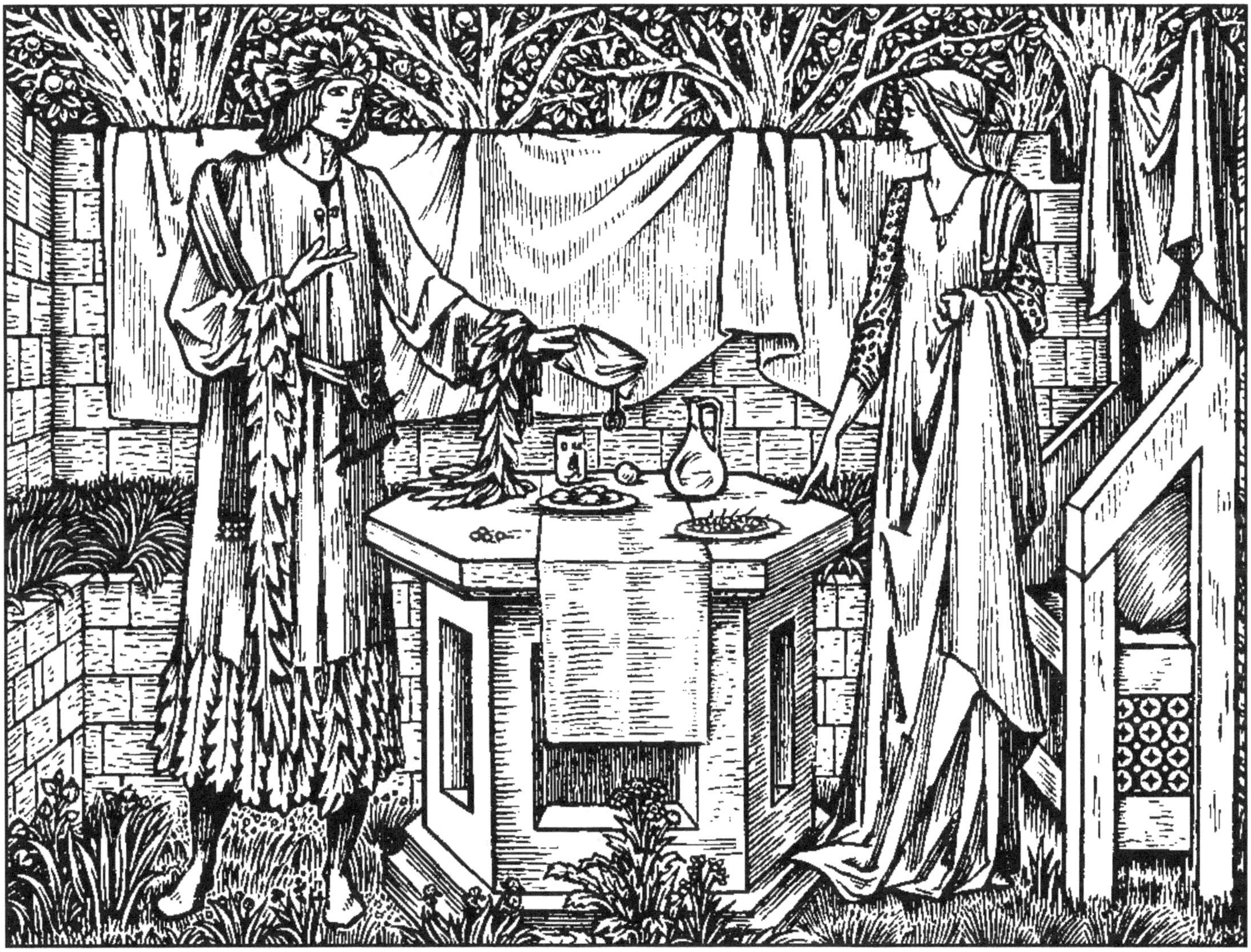

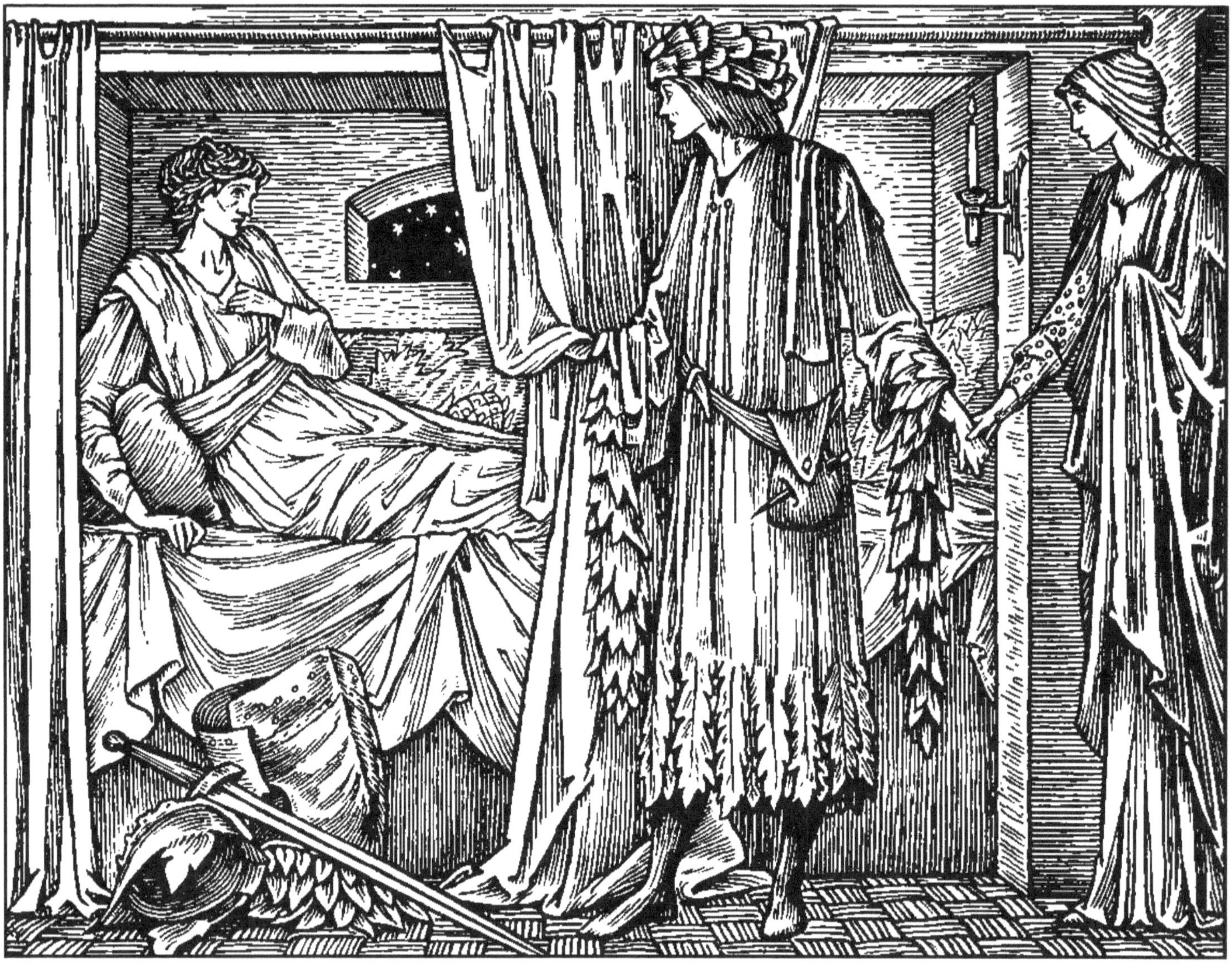

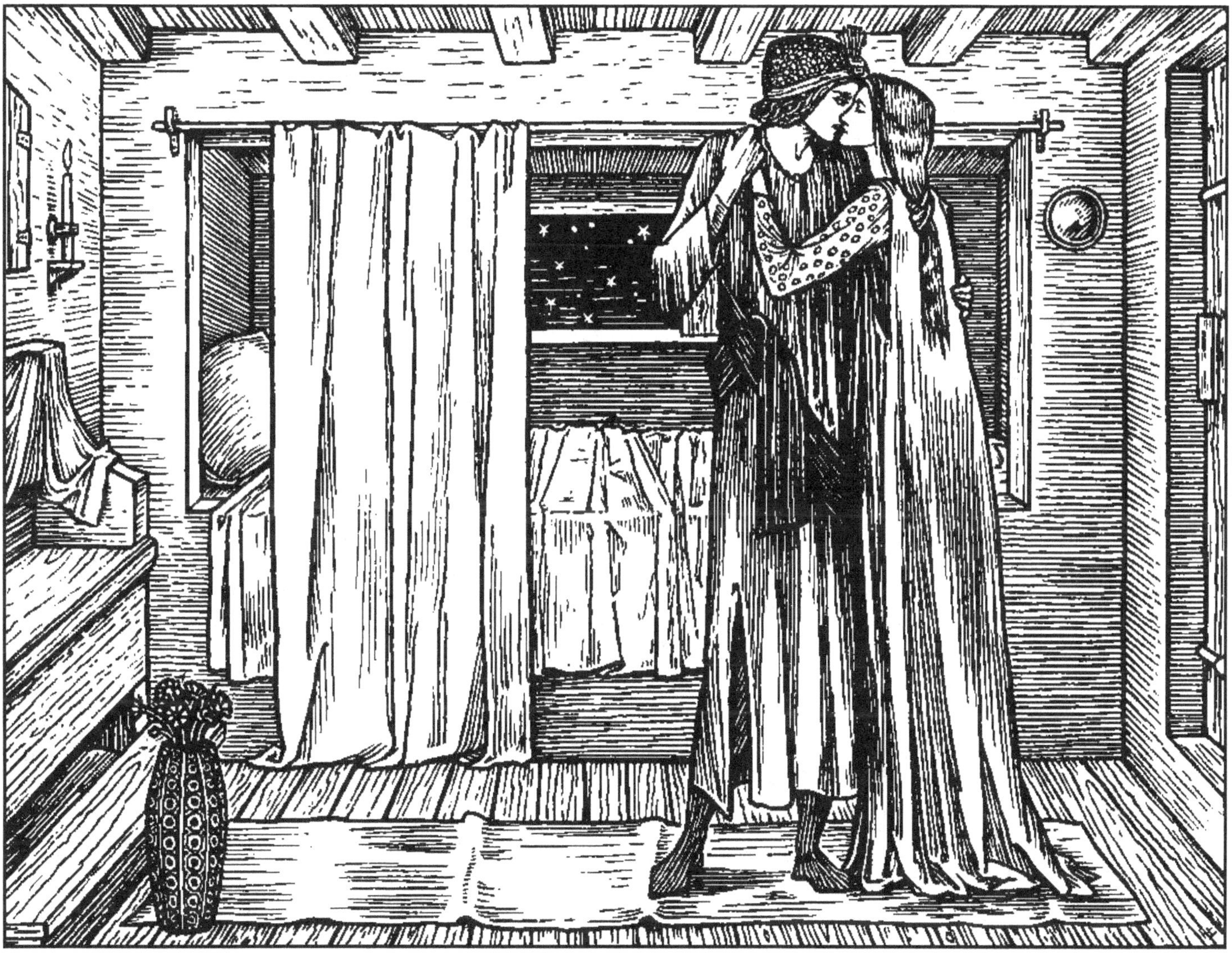

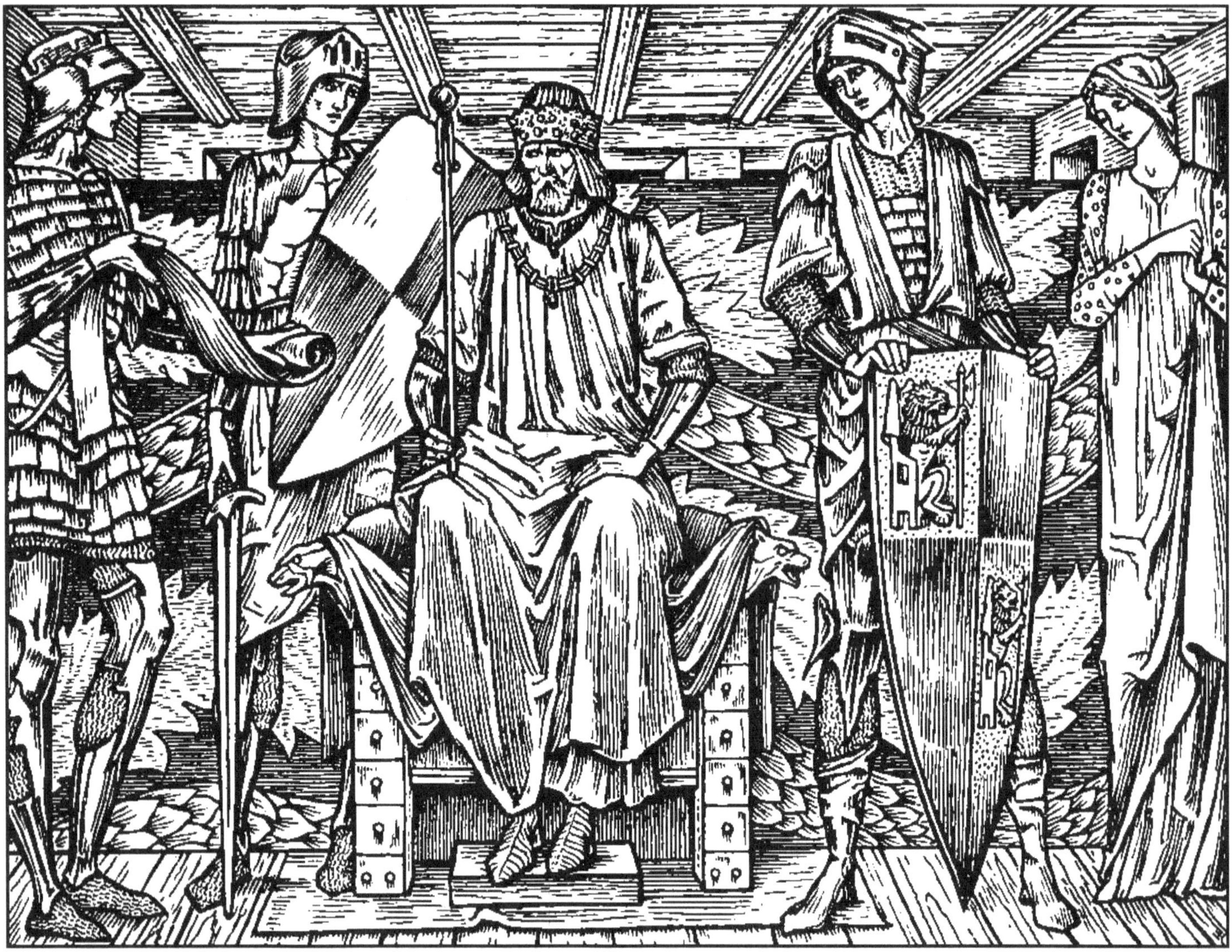

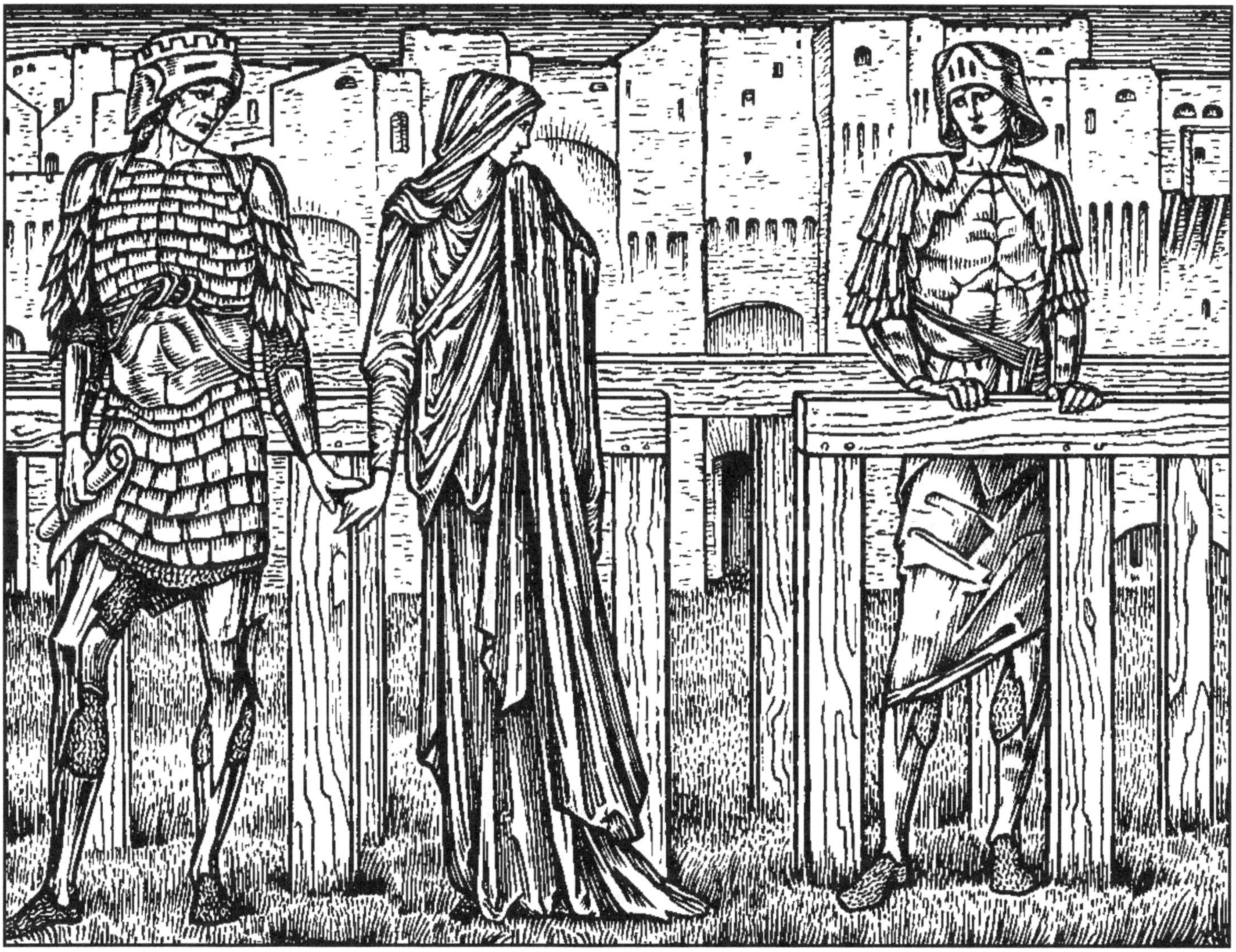

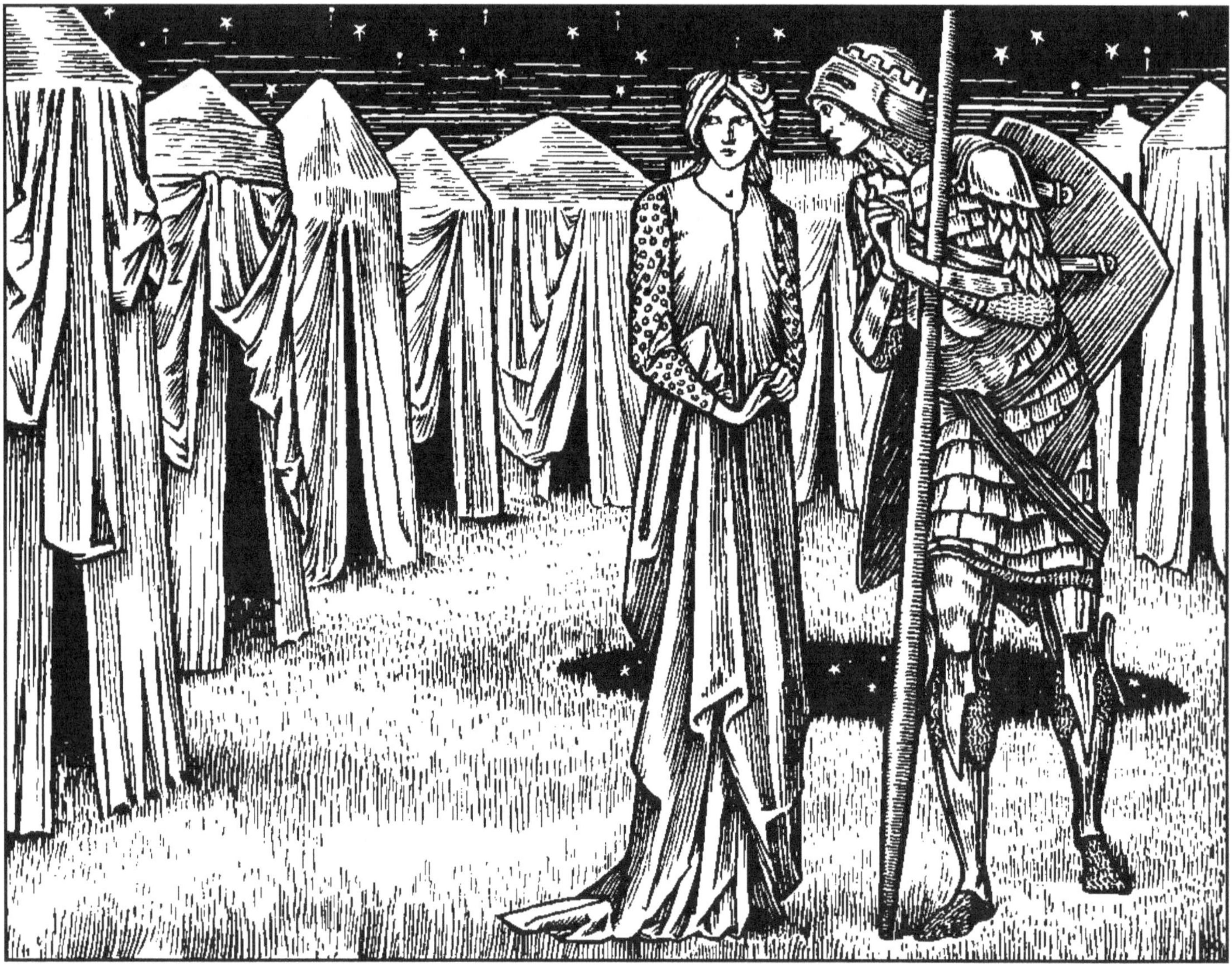

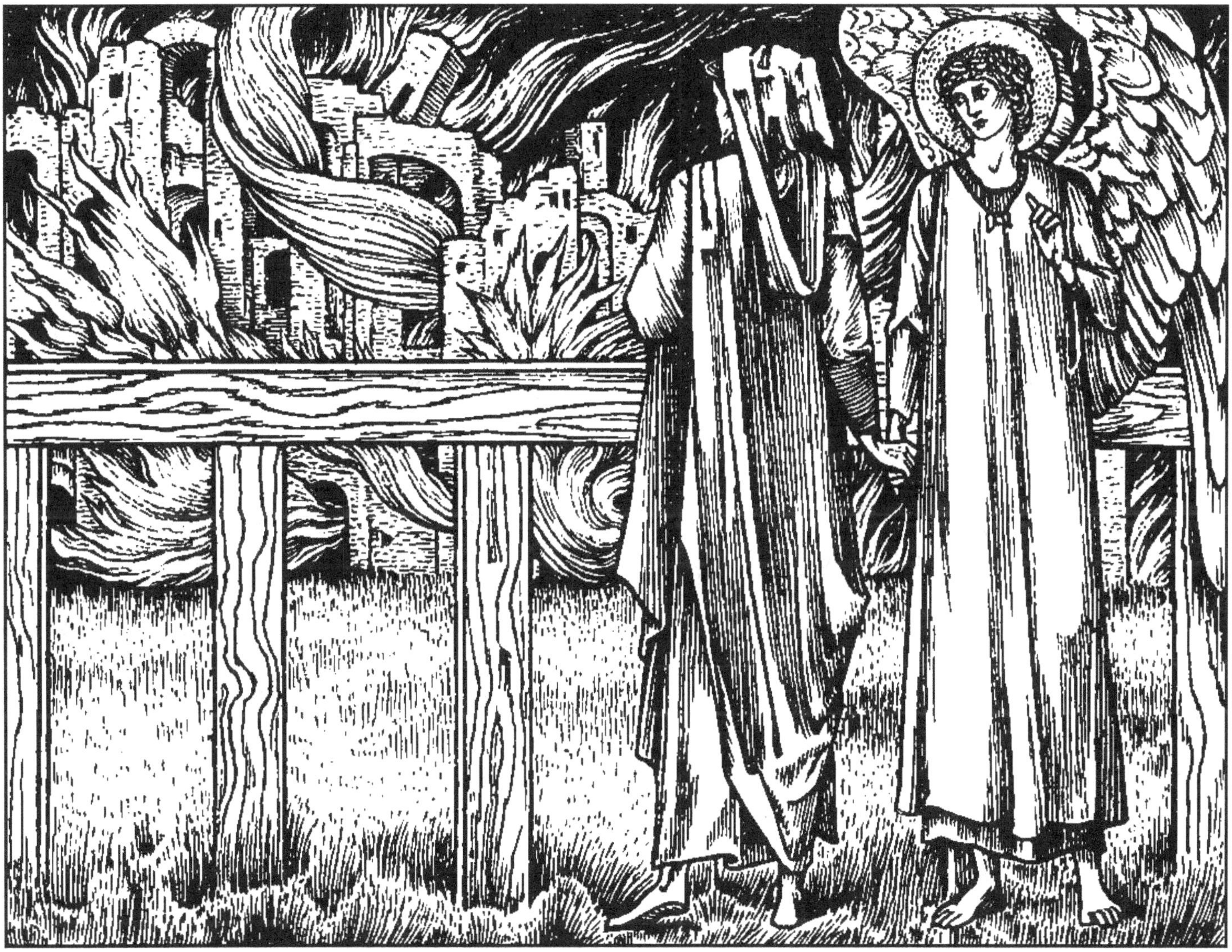

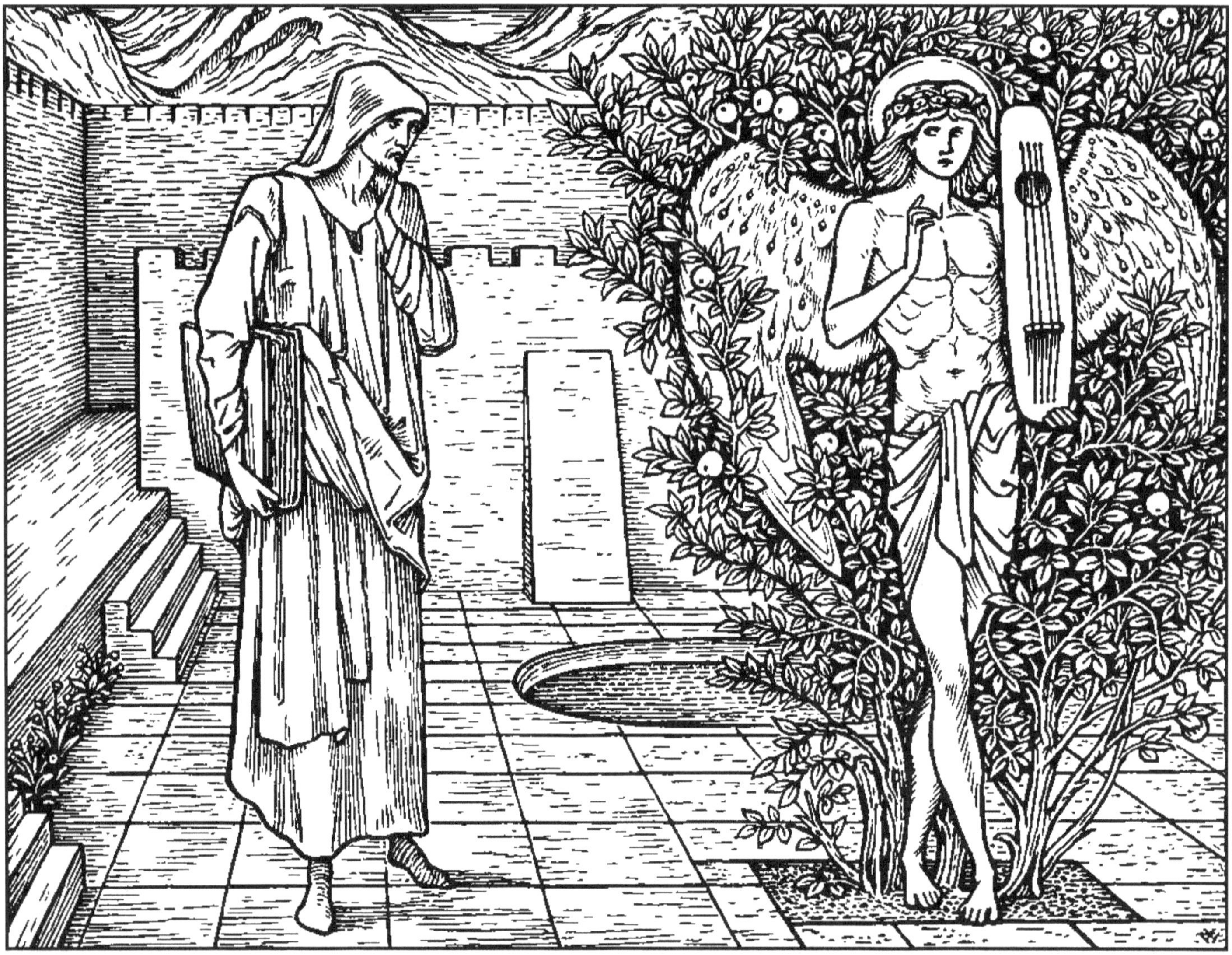